Vorstellungsgespräche

Hans Friedrich

VORSTELLUNGS-GESPRÄCHE

SICHER UND ERFOLGREICH FÜHREN

FALKEN
TaschenBuch

Im FALKEN Verlag sind zahlreiche Titel zum Thema „Vorstellungsgespräche“ erschienen. Sie sind überall dort erhältlich, wo es Bücher gibt.

Dieses Buch wurde auf chlorfrei gebleichtem und säurefreiem Papier gedruckt.

ISBN 3 635 60012 1

Umschlaggestaltung: Zembsch' Werkstatt, München
Redaktion dieser Auflage: Sabine Weeke
Herstellung: Michael Greiss
Titelbild: Tony Stone, München/Frank Herholdt
Satz: FROMM MediaDesign GmbH, Selters/Ts.
Druck: Media-Print GmbH, Paderborn

817 2635 4453

Inhalt

„Wir erwarten Sie zu einem persönlichen Gespräch"

Wenn Sie eine solche Einladung erhalten, liebe Leserin oder lieber Leser, haben Sie eine wichtige Etappe auf Ihrem Weg zu einer neuen Stellung erreicht. Sie sind aber noch lange nicht am Ziel. Nur eines ist jetzt sicher: Sie sind aus der – eventuell großen – Schar der Bewerber in die „engere Wahl" gekommen. Das bedeutet aber auch, daß Ihre jetzt noch verbliebenen Mitbewerber die härteste Konkurrenz darstellen. Auch sie machen sich Hoffnungen, die ausgeschriebene Stellung zu bekommen. Und sie werden alles daransetzen, Sie noch „auf den letzten Metern abzuhängen". Wenn Sie Ihren Konkurrenten um eine Nasenlänge voraus sein wollen, sollten Sie nicht allein auf Ihr Glück und Ihren guten Stern vertrauen, sondern sich gründlich vorbereiten. Dann können Sie dem Vorstellungstermin beruhigt entgegensehen. *Wie* Sie sich auf das Vorstellungsgespräch vorbereiten, *welche* Strategie Sie entwickeln, *wie* Sie sich im Gespräch am besten „verkaufen" und *wie* Sie am erfolgreichsten verhandeln – das werden Sie in diesem Buch erfahren.

Ich hoffe, daß ich Ihnen mit diesem Buch nützliche Hilfen und Anregungen für Vorstellungsgespräche geben kann, und ich wünsche Ihnen, daß Sie die angestrebte Stellung auch tatsächlich bekommen!

Hans Friedrich

Gut vorbereitet ist halb gewonnen

Kaum einem Schauspieler dürfte es einfallen, ohne Rollentext, ohne gründliches Rollenstudium und zahlreiche Proben aufzutreten; kaum ein Redner wird es wagen, ohne ein gut ausgearbeitetes Redemanuskript, zumindest aber nicht ohne klare Vorstellungen darüber, was er aussagen will, vor sein Publikum hinzutreten. Lernen auch Sie von beiden, und bereiten Sie sich auf Ihren wichtigen „Auftritt", das Vorstellungsgespräch, ebenfalls sehr sorgfältig vor! Je qualifizierter die Stellung ist, die Sie anstreben, je mehr Sie also damit rechnen müssen, daß auch die andere Seite sorgfältig auswählen und Sie genau unter die Lupe nehmen wird, desto gründlicher sollte natürlich auch Ihre Vorbereitung sein.

Auf welchen Gebieten sollte der Schwerpunkt Ihrer Vorbereitungen liegen? Sehr nützlich ist es, wenn Sie möglichst gut über Ihren künftigen Arbeitgeber Bescheid wissen.

Falls Sie eine längere Anreise vor sich haben, machen Sie sich die Mühe, sie genau zu planen, damit Sie hier keine Pannen erleben.

Ihre *äußerliche* Vorbereitung – um es so auszudrücken – zahlt sich im Vorstellungsgespräch ebenfalls aus; denn es ist keinesfalls gleichgültig, in welcher Aufmachung Sie Ihrem künftigen Arbeitgeber erstmalig gegenübertreten.

Den größten Zeitaufwand und die meiste Mühe dürfte jedoch Ihre *geistige,* Ihre *gedankliche* Vorbereitung beanspruchen. Wenn Sie sich für das Vorstellungsgespräch klare Ziele setzen und eine wirksame Strategie festlegen, wenn Sie sich auf den möglichen Ablauf des Gesprächs, vor allem aber auf Ihre Aussagen und auf kritische Fragen Ihrer Gesprächspartner gut vorbereiten, dann steigen Ihre Erfolgsaussichten ganz erheblich.

Überlassen Sie deshalb möglichst wenig dem Zufall, und vertrauen Sie nicht nur auf Ihre Schlagfertigkeit oder Ihren „guten Stern"! Spielen Sie lieber in Gedanken das Vorstellungsgespräch einige Male durch! Das erhöht Ihre Sicherheit und läßt Ihre Chancen wachsen.

Bei gleicher Qualifikation macht höchstwahrscheinlich *der* Bewerber das Rennen, der dem Gesprächspartner am sympathischsten erscheint und der sich dank einer geschickten Strategie am besten zu verkaufen weiß.

Einen Tip schon vorab: Beantworten Sie die Einladung zu einem Vorstellungsgespräch *sofort!* Danken Sie, und bestätigen Sie den Termin! Wenn genügend Zeit ist, antworten Sie schriftlich. Ist die Zeit knapp, empfiehlt sich ein Telefonat.

Sollte Ihnen der Termin nicht passen, rufen Sie lieber an! Sie können dann rascher und einfacher einen anderen Termin abstimmen als in einem weiteren Schriftwechsel. Vielleicht gelingt es Ihnen auch, nach Arbeitsschluß (wenn Sie in der Nähe wohnen) oder an einem Sonnabend zur Vorstellung empfangen zu werden. Sie brauchen dann bei Ihrem derzeitigen Arbeitgeber nicht freizunehmen und verlieren keinen Urlaubstag.

Bei einem Telefonat lassen sich zugleich auch weitere Fragen klären, zum Beispiel, ob noch Bewerbungsunterlagen fehlen oder wenn wegen der Übernahme der Reise- und Vorstellungskosten noch Unklarheiten bestehen.

Mit der Beantwortung der Einladung können Sie auf einfache Weise weitere Pluspunkte sammeln: Sie bringen sich durch Ihren Dank positiv in Erinnerung, zeigen, daß Sie Verabredungen und Termine ernst nehmen, und unterstreichen noch einmal Ihr Interesse an der angebotenen Stelle.

Planen Sie Ihre Reise richtig!

Wenn Sie sich an Ihrem Wohnort oder in dessen Nähe vorstellen wollen, gibt es nicht viel zu planen. Sie müssen dann nur wissen, wie lange Sie zu Fuß, mit Ihrem Auto oder mit einem öffentlichen Verkehrsmittel zum Vorstellungsort brauchen. Rechnen Sie zu der ermittelten Zeit noch einen *Sicherheitszuschlag* hinzu, damit auch ein unerwarteter Stau oder etwa die Verspätung des Zuges Sie nicht bereits zur Vorstellung zu spät kommen läßt. Unpünktliches Erscheinen gerade bei solch einem Termin macht einen sehr schlechten Eindruck und bringt Sie von vornherein in eine ungünstige Startposition. Warten Sie deshalb lieber in der Nähe des verabredeten Treffpunktes, als daß Sie Ihre Gesprächspartner warten lassen!

Haben Sie einen längeren Anreiseweg, dann planen Sie Ihre Anfahrt so, daß Sie möglichst *frisch und ausgeruht* zum Vorstellungsgespräch erscheinen! Wenn Sie in letzter Minute angehetzt kommen, sind Sie wahrscheinlich angespannt, unkonzentriert oder müde! Ihre Gesprächspartner beobachten Sie kritisch und ziehen aus Ihrer Verfassung vielleicht negative Schlüsse.

Wenn Ihnen bereits im Einladungsschreiben mitgeteilt wurde, welche Fahrtkosten der Stellenanbieter erstatten will – üblich ist die Erstattung der Bahnfahrt (1. oder 2. Klasse – je nach ausgeschriebener Position), eventuell Flug, manchmal auch die Fahrt mit dem eigenen PKW zum firmenüblichen Kilometersatz –, dann bedienen Sie sich am besten des empfohlenen Verkehrsmittels. Am günstigsten sind natürlich *Bahn* oder *Flugzeug,* weil Sie dann am ausgeruhtesten ankommen. Taxifahrten zum und vom Bahnhof oder Flughafen werden in der Regel ebenfalls erstattet. Sollte die Fahrtstrecke so lang sein, daß Ihnen die Hin- und Rückfahrt an einem Tag nicht zugemutet werden kann, wird Ihnen der künftige Arbeitgeber meist auch eine *Übernachtung* bezahlen. Dies gilt vor allem dann, wenn Sie bereits am frühen Vormittag zur Vorstellung eingeladen wurden. Im allgemeinen enthält das Einladungsschreiben hierzu nähere Angaben; häufig wird für Sie von der Firma ein Hotelzimmer reserviert. Fehlen Hinweise auf die Übernahme der Fahrt- und Übernachtungskosten, können Sie ja nachfragen, wenn Sie den Vorstellungstermin bestätigen.

Sollte der Stellenanbieter nicht bereit sein, die Übernachtungskosten zu übernehmen, dann zahlen Sie Ihr Hotelzimmer eben selbst. Wenn Sie bereits am Vorabend ankommen, schließen Sie das Risiko aus, durch unvorhersehbare Umstände in Zeitnot zu geraten. Vor allem aber können Sie sich in Ruhe gedanklich auf das Vorstellungsgespräch einstellen, und Sie gehen am nächsten Tag ausgeruht in eine entscheidende Verhandlung. Auch in anderer Hinsicht ist die Anreise am Vortag von Vorteil: Sie können sich schon einmal an Ihrem – möglicherweise – künftigen Arbeits- und Wohnort umsehen und dabei prüfen, ob Sie und Ihre Familie dort überhaupt leben wollen.

Für alle Fälle, in denen der neue Arbeitgeber die Kosten der Vorstellung nur zum Teil oder gar nicht erstattet, hält das Finanzamt einen kleinen Trost bereit. Alle Aufwendungen im Rahmen einer Stellensuche, die Ihnen nicht ersetzt werden, können Sie als *Werbungskosten* im *Lohnsteuerjahresausgleich* geltend machen.

Die *Rückfahrt* ist häufig schwer zu planen. Sie können vorher nicht wissen, wie lange Ihr Vorstellungsgespräch dauern wird. Manche Gespräche sind bereits nach einer halben oder einer Stunde beendet. Bei gehobenen Positionen kann die Vorstellung aber auch mehrere Stunden dauern. Vielleicht wollen mehrere Gesprächspartner Sie in Einzelinterviews nacheinander kennenlernen.

Eventuell werden Sie zum Essen eingeladen, oder man zeigt Ihnen das ganze Unternehmen. Es wäre nun schlecht, wenn Sie unter Zeitdruck gerieten, unruhig auf Ihrem Stuhl säßen und vielleicht sogar Ihr Gespräch vorzeitig beenden müßten, nur weil Sie sich einen zu frühen Zug oder Flug für die Rückreise ausgesucht haben. Wählen Sie sich deshalb mehrere Abfahrts- beziehungsweise Abflugzeiten aus, damit Sie auf jeden Fall für das Vorstellungsgespräch genug Zeit haben! Wenn Sie mit dem Pkw anreisen, stellt sich dieses Problem natürlich nicht.

Wie beschaffen Sie sich als Bewerber Informationen über das Unternehmen?

Es ist für Sie sehr nützlich und macht zudem auch einen guten Eindruck auf Ihre Gesprächspartner, wenn Sie schon einiges über das Unternehmen wissen, bei dem Sie sich bewerben. Je besser Sie informiert sind, desto mehr gewinnt der Stellenanbieter den Eindruck, daß Sie ernsthaft an der Stelle und an einer Mitarbeit interessiert sind. Er wird dann sicher lieber mit Ihnen verhandeln, als wenn Sie durch Unkenntnis ein nur geringes Interesse erkennen lassen. Außerdem gewinnen Sie durch die Vorabinformation wertvolle Zeit, die Sie im Vorstellungsgespräch für andere Fragen und zur besseren Selbstdarstellung nutzen können.

Vielleicht kommen Sie aber auch beim *Sammeln von Informationen* vor dem Vorstellungsgespräch zu der Erkenntnis, daß Sie in diesem Unternehmen gar nicht arbeiten möchten. Möglicherweise ist die gegenwärtige wirtschaftliche Lage oder sind die Zukunftsaussichten des Unternehmens nicht so rosig, wie Sie nach dem Anzeigentext vermuten mußten. Vielleicht erfahren Sie auch über den praktizierten Führungsstil oder über das Betriebsklima nichts Erfreuliches. Dann können Sie bereits den Vorstellungstermin absagen – oder Sie werden zumindest bei der Vorstellung besonders auf die Punkte achten, über die Sie negative Informationen bekommen hatten. Verstärkt sich bei Ihrem Besuch der ungünstige Eindruck, werden Sie sicher keinen Anstellungsvertrag unterschreiben.

Die erste Information über das Unternehmen, bei dem Sie sich beworben haben, ist die *Stellenanzeige.* Sicher haben Sie diese Anzeige gründlich gelesen und analysiert, bevor Sie Ihre Bewerbung abschickten. Größe, Form, Inhalt und Stil sagen schon einiges über das inserierende Unternehmen aus.

Es ist erstaunlich, wie viele Bewerber offensichtlich eine Stellenanzeige nur oberflächlich lesen. Anders ist die oft hohe Zahl der Bewerbungen wenig oder gar nicht geeigneter Kandidaten, die auf manche Stellenangebote hin eingehen, nicht zu erklären.

Lesen Sie vor dem Vorstellungsgespräch die Stellenanzeige noch einmal aufmerksam durch! Prüfen Sie, was der Stellenanbieter tatsächlich aussagt und was er nur andeutet. Beschreibt er das Unternehmen, die Aufgaben, die Anforderungen und die hierarchische Einordnung genau, oder ergeht er sich in allgemeinen, nicht sehr aussagekräftigen Formulierungen? Was läßt er – absichtlich oder zufällig – weg?

Hier finden Sie erste Ansatzpunkte für Fragen im Vorstellungsgespräch. Sehr oft klafft zwischen dem Angebot in den Stellenanzeigen und der betrieblichen Wirklichkeit eine beträchtliche Lücke.

Einige Großunternehmen sind so bekannt, daß Sie mit wenig Mühe und ohne große Nachforschungen die wichtigsten wissenswerten Einzelheiten erfahren können: In Zeitungen und Fachzeitschriften finden Sie zum Beispiel *Bilanzbesprechungen, Berichte von Hauptversammlungen* und *Pressekonferenzen* sowie sonstige Nachrichten. Sie erhalten Informationen über Größe und Kapitalausstattung, Umsatz und Gewinn, Belegschaftszahl und soziale Leistungen, Marktstellung und Entwicklungstendenzen, Produktionsprogramm und Investitionsvorhaben und über manches andere. Besonders schlecht wäre es, wenn Sie über ein weithin bekanntes Unternehmen kaum etwas oder gar nichts wissen. Das käme schon fast einer Beleidigung gleich!

Manche Unternehmen schicken den Bewerbern zur Vorabinformation bereits mit der Einladung zum Vorstellungsgespräch *Broschüren* und *Informationsschriften.* Sie erwarten dann auch, daß ein Bewerber wenigstens so viel Interesse aufbringt, daß er diese Schriften liest. Studieren Sie deshalb alles Ihnen zugesandte Informationsmaterial gründlich, und notieren Sie sich einige Fragen, die dort nicht behandelt wurden! Damit stellen Sie Ihr Interesse und Ihre Aufmerksamkeit unter Beweis.

Zu besonderen Anlässen wie Jubiläen, höheren Geburtstagen des Firmengründers oder dem Neubau von Fabrikationsanlagen oder eines Verwaltungsgebäudes geben einige – meist größere – Unternehmen *Festschriften* heraus. In solchen selbstverfaßten Schriften stellen sie sich von ihrer besten Seite dar. Diese Unternehmens- oder Unternehmerporträts geben Aufschluß über die Geschichte und die Entwicklung des Unternehmens und über die unternehmerischen Leistungen ihrer Gründer, Inhaber oder Vorstände. Sie lassen auch die „Philosophie“ und eventuell sogar den „Geist des Hauses“ erkennen. Insofern sind solche Darstellungen trotz mancher Selbstbeweihräucherung recht aufschlußreich. Sie können beim Lesen unschwer feststellen, ob Sie auf der gleichen „Wellenlänge“ liegen oder nicht. Das erleichtert Ihnen vielleicht die Entscheidung für oder gegen das Unternehmen.

Eine andere Möglichkeit, Informationen aus erster Hand zu bekommen, wird recht selten genutzt: die *direkte Anfrage* beim Unternehmen. Wenn Sie bereits vor dem Vorstellungstermin bestimmte Informationen haben wollen, schreiben Sie doch oder rufen Sie an! Bitten Sie um Informationsschriften, Geschäftsberichte, Pressemeldungen und Kataloge, oder fragen Sie gezielt, was Sie stark interessiert! In den meisten Fällen dürfte es anerkannt werden, daß Sie die Initiative ergreifen und daß Sie sich so sehr für das Unternehmen interessieren. Nutzen Sie auch alle Chancen, die sich aus Ihrer *derzeitigen* Stellung ergeben, um an Informationen heranzukommen! Vielleicht arbeiten Sie in der gleichen Branche, gehört die Firma zu Ihren Lieferanten, Kunden oder Wettbewerbern. Geschäftsfreunde, Vertreter oder Reisende, Journalisten oder Gewerkschaftskollegen können wichtige Informanten sein. Achten Sie aber darauf, daß sich Ihre Informationsbeschaffung nicht bis zu Ihrem derzeitigen Arbeitgeber herumspricht, wenn dieser von Ihren Veränderungsabsichten (noch) nichts erfahren soll!

Eine andere wichtige Informationsquelle kann die *Industrie- und Handelskammer* beziehungsweise die *Handwerkskammer* am Firmensitz sein. Wenn Sie Ihr Interesse begründen können, erhalten Sie dort sicherlich einige Auskünfte über Ziel der Geschäftstätigkeit, Größe und Produktionsprogramm. Schließlich können Sie auch noch versuchen, bei Ihrer *Bank* – falls Sie dort gut bekannt sind – einige Auskünfte über Ihren zukünftigen Arbeitgeber zu bekommen. Vielleicht haben Sie Glück und erfahren einiges über den Ruf oder die finanzielle Lage des Unternehmens.

Besonders wertvolle Informationen können Sie von *Mitarbeitern* des Unternehmens bekommen. Das wird allerdings schwierig, wenn Sie nicht am gleichen Ort wohnen. Gerade von Mitarbeitern können Sie erfahren, wie die „Stimmung“ und das Betriebsklima im Unternehmen sind, welcher Führungsstil herrscht und wie man dort miteinander umgeht. Fragen Sie auch nach der Bezahlung, den sozialen Leistungen, den Weiterbildungsmöglichkeiten und den Entwicklungs- und Aufstiegschancen, nach der Fluktuation und dem Krankenstand (je höher Fluktuation und Krankenstand liegen, desto schlechter ist meist das Betriebsklima) und eventuell auch noch nach dem Kantinenessen oder Belegschaftskäufen. Sehr aussagekräftig sind auch der Ruf des Unternehmens, die Qualität der Erzeugnisse (was halten die Mitarbeiter selbst davon?), die Absatzlage oder die Auftragsbestände. Hieraus können Sie wertvolle Rückschlüsse auf die Zukunftsaussichten des Unternehmens ziehen. Achten Sie bei Ihren Nachfragen darauf, ob Sie im allgemeinen Gutes oder Schlechtes hören!

Führen Sie Ihre Gespräche mit den Mitarbeitern aber so diplomatisch und behutsam, daß diese sich nicht ausgehorcht vorkommen! Sonst „mauern“ sie, und Sie erfahren wenig oder gar nichts.

Diese Informationssammlung bei den Mitarbeitern können Sie auch noch fortsetzen, wenn Sie bereits zum Vorstellungsgespräch im Unternehmen erschienen sind. Sie können zum Beispiel in einem Gespräch mit dem Pförtner (wenn Sie früh gekommen sind und noch etwas Zeit haben) oder mit der Sekretärin Ihres Gesprächspartners (wenn Sie im Vorzimmer noch etwas warten müssen) die eine oder andere besonders aufschlußreiche Information erhalten. So erfuhr ich zum Beispiel bei einer Vorstellung von einem besonders auskunftsfreudigen Pförtner, wie viele Bewerber sich schon vor mir vorgestellt hatten und nicht den Anforderungen entsprachen. Innerhalb von fünf Minuten wußte ich, wie oft die ausgeschriebene Stelle in den letzten drei Jahren neu besetzt worden war, wie die allgemeine Stimmung war (ziemlich schlecht), wer was „zu sagen" hatte und wie man sich zu verhalten habe, wenn man in diesem Unternehmen vorwärtskommen wolle. So vorgewarnt und hellhörig geworden fand ich auch in einem kurzen Gespräch mit der Sekretärin und im anschließenden Vorstellungsgespräch genügend Hinweise, die meinen Eindruck erhärteten, daß dies *nicht* das richtige Unternehmen für mich sei.

Bereiten Sie sich in Gedanken auf das Vorstellungsgespräch vor!

Sicher macht sich jeder Bewerber vor einem Vorstellungsgespräch Gedanken – der eine mehr, der andere weniger. Häufig kreisen diese um Fragen wie: „Hoffentlich mache ich keine Fehler!", „Wird es mir gelingen, mich von meiner besten Seite zu zeigen?", „Wer sind meine Gesprächspartner, und wie werden sie mich behandeln?", „Wird mir immer im rechten Moment das Richtige einfallen?", „Schaffe ich es, die Stellung zu bekommen?" und „Kann ich auch das für mich Bestmögliche aushandeln?".

Solche Gedanken helfen aber im allgemeinen kaum weiter. Eher bewirken sie, daß der Bewerber unsicher und nervös wird, während die gedankliche Vorbereitung im Gegenteil dazu dienen sollte, ihn ruhiger und sicherer werden zu lassen. Hauptsächlich aber soll die Vorbereitung bewirken, daß man gut gerüstet in das Vorstellungsgespräch geht und gegen mögliche Überraschungen weitgehend gefeit ist. *„Wer nicht genau weiß, wohin er will, braucht sich nicht zu wundern, wenn er irgendwo ankommt."* Dieser Spruch gilt übertragen auch für ein Vorstellungsgespräch. Legen Sie deshalb zuerst das Hauptziel für Ihr Gespräch fest! Daraus leiten Sie die Unterziele ab und aus über- und untergeordneten Zielen schließlich Ihre Gesprächs- und Verhandlungsstrategie.

Im Regelfall dürfte das *Hauptziel* eines Bewerbers sein, die angebotene Stellung zu bekommen. Es macht aber einen gewaltigen Unterschied, ob ein Bewerber nur seinen „*Marktwert*" überprüfen will, um sich dann zu entscheiden, ob er – ohne jegliche vertragliche Änderungen – in der bisherigen Stellung bleibt, ob er mit seinem Arbeitgeber über bessere Bedingungen verhandelt oder ob er doch wechselt. In einem solchen Fall kann er besonders locker verhandeln und auch hohe Forderungen stellen. Ähnlich kann sich ein Bewerber verhalten, dem es nicht unter den Nägeln brennt, weil er aus einer ungekündigten Stellung eine neue Position anpeilt. Ganz anders sieht die Situation für einen Bewerber aus, der unter *Erfolgszwang* steht, weil er durch Selbstkündigung oder Kündigung durch den Arbeitgeber kurz vor dem Ausscheiden aus seiner alten Firma steht oder sogar schon arbeitslos ist. Er muß versuchen, so rasch wie möglich wieder eine Anstellung zu finden. Das kann bedeuten, daß er auch eine niedrigere Position und ungünstigere Bedingungen als bisher akzeptiert. Hauptziele eines Bewerbers könnten somit sein:

- Ich will nur meinen Marktwert testen. Dabei will ich möglichst gute Bedingungen aushandeln, um eventuell mit meinem derzeitigen Arbeitgeber ebenfalls über bessere Bedingungen zu verhandeln.
- Ich will wissen, ob die Stellung für mich die richtige ist.
- Ich möchte diese Stellung unbedingt haben.

Wenn Sie sich in einer ungekündigten Stellung befinden und den Wechsel in eine neue Position planen, könnte Ihre Zielsetzung so lauten:

- Ich will auf jeden Fall wechseln und mich dabei verbessern. Da ich nicht unter Zeitzwang stehe, werde ich mir in Ruhe das beste Angebot aussuchen.

Für den Ablauf des Vorstellungsgesprächs könnten Sie sich dann folgende *Unterziele* setzen:

- Ich will auf meine Gesprächspartner sympathisch wirken und von Anfang an einen positiven Eindruck machen.
- Ich will meine Gesprächspartner von meinen menschlichen und fachlichen Qualitäten überzeugen. Sie sollen den Eindruck gewinnen, daß ich für sie der richtige neue Mitarbeiter bin.
- Ich will meine Gesprächspartner dahin bringen, daß sie mich einstellen wollen.
- Ich will alle Informationen bekommen, die ich für meine Entscheidung – für oder gegen einen Eintritt in das Unternehmen – brauche.
- Beim Aushandeln der Vertragsbedingungen will ich meine Vorstellungen durchsetzen (Höhe des Gehalts, Nebenleistungen, Position, Entwicklungs- und Aufstiegsmöglichkeiten, Kündigungsfristen). Zu Zugeständnissen bin ich nur im Rahmen von … oder gegen folgende andere Leistungen … bereit.

Außerdem können Sie sich ein *allgemeines Ziel* setzen, das Ihnen grundsätzlich für die Zukunft in vielen geschäftlichen wie privaten Situationen hilft:

- Ich will in jedem Vorstellungsgespräch lernen, auf meine Gesprächspartner einzugehen und ihnen einen Nutzen zu bieten. Außerdem will ich lernen, meine persönliche Wirkung zu steigern und mich so gut wie möglich zu verkaufen.

Wenn Sie aus solchen Zielen eine *Verhandlungsstrategie* entwickeln wollen, stellen Sie sich zu den einzelnen Unterzielen Fragen. Diese Fragen helfen Ihnen, sich in die Gesprächssituation hineinzudenken:

- Fragen Sie sich, wie Sie es erreichen wollen, von Anfang an auf Ihre Gesprächspartner positiv und sympathisch zu wirken.
- Wodurch wollen Sie ihr Interesse wecken?
- Auf welche Weise wollen Sie Ihre menschlichen und fachlichen Qualitäten herausstellen?
- Worauf könnte der künftige Arbeitgeber besonderen Wert legen? Welchen Nutzen können Sie ihm bieten?
- Warum könnte er bereit sein, gerade Sie einzustellen?

Wenn es dann in die Phase der Aushandlung der Vertragsbedingungen geht, können Sie sich die weiteren Fragen stellen:

- Wieweit wollen Sie sich im Vergleich zu Ihrer bisherigen Position und in der Bezahlung verbessern?
- Auf welche anderen Leistungen und Bedingungen legen Sie besonderen Wert?
- Wo sind Sie bereit, Abstriche von Ihren Vorstellungen zu machen?

Legen Sie sich Bandbreiten fest, innerhalb derer Sie verhandlungsbereit sind! Oft ergeben sich erst während einer Verhandlung neue Gesichtspunkte, die zu einer anderen Gewichtung einzelner Vertragspunkte führen! Fragen Sie sich aber auch, wo Sie – von der Aufgabe, der Position und dem Gehalt her – in 2, 3 oder 5 Jahren stehen wollen! Denn in der Verhandlung sollten Sie nicht nur abklären, was Sie sofort oder kurzfristig erreichen können, sondern auch, welche Entwicklungsmöglichkeiten und Chancen Ihnen für die *Zukunft* geboten werden. Die Antworten auf diese Fragen sind die Basis für Ihre Verhandlungsstrategie.
Außerdem lassen Sie in Ihre „strategischen“ Überlegungen auch noch die Informationen einfließen, die Sie über das Unternehmen zusammentragen konnten (siehe auch: „Wie beschaffen Sie sich als Bewerber Informationen über das Unternehmen?“). Vielleicht konnten Sie erfahren, wie der Stil des Hauses ist (zum Beispiel vornehm-konservativ, fortschrittlich-modern, leger, aggressiv, hemdsärmelig, dynamisch), wieweit man auf Äußeres Wert legt, worauf das Unternehmen stolz ist, wie Besucher und insbesondere Bewerber empfangen werden, wie ein Vorstellungsgespräch normalerweise abläuft (das zu wissen wäre natürlich ein großer Vorteil!), nach welchen Kriterien Bewerber gefragt und ausgewählt werden, wer Ihre Ge-

sprächspartner sind und welche Eigenheiten sie haben.
Aus dieser Vielzahl von Überlegungen, Antworten und Informationen stellen Sie sich nun Ihre *Verhandlungsstrategie* zusammen. Sie könnte zum Beispiel so aussehen:

- Ich will versuchen, durch mein Äußeres und durch freundlich-zurückhaltendes Auftreten von Anfang an einen positiven Eindruck auf meine Gesprächspartner zu machen. In der ersten Gesprächsphase werde ich den Verhandlungspartnern die Gesprächsführung überlassen, sie jedoch häufig durch freundliche Zustimmung bestätigen.
- Wenn die Gesprächspartner das Unternehmen vorstellen, werde ich mein Wissen über die Firma und die Branche einfließen lassen und Fragen zur Situation des Unternehmens stellen. Außerdem werde ich versuchen, durch Fragen meine Kenntnisse über das Unternehmen abzurunden.
- Bei der Darstellung meines beruflichen Werdegangs werde ich besonders meine praktischen Erfahrungen auf dem Gebiet der oder des …, meine vielfältigen Beziehungen und Kontakte (insbesondere zu …), meine Stärke im analytischen Denken, meine Erfolge im Erschließen neuer Absatzwege und im Führen einer Verkaufsmannschaft sowie meine guten Kenntnisse in Englisch, Französisch und Spanisch einfließen lassen.
- Wenn die Gesprächspartner bis zu diesem Zeitpunkt das künftige Aufgabengebiet noch nicht dargestellt haben, werde ich sie hierüber befragen. In dieser Phase werde ich durch gezielte Fragen (Organisationsplan, Stellenbeschreibung, Schwerpunkte der Tätigkeit der Abteilung, Zahl und Art der Mitarbeiter, Umsatzgrößen, Kundenkreis, Hauptprodukte, Planungen für die nähere Zukunft) versuchen, ein genaues Bild meines künftigen Wirkungskreises zu erhalten. Ich werde darum bitten, die Abteilung (Räumlichkeiten, Mitarbeiter) und einen Teil der Fabrikation (insbesondere derjenigen Produkte, die diese Abteilung vertreibt) kennenlernen zu können.
- Über meine bisherigen Arbeitgeber werde ich weder Betriebsgeheimnisse noch irgend etwas Nachteiliges ausplaudern.
- Wenn wir in die Vertragsverhandlungen eintreten, werde ich meine Checkliste zu Hilfe nehmen und alle für mich wichtigen Punkte abfragen und notieren. Ich werde grundsätzliches Interesse an einer Mitarbeit betonen und mir eine Woche Bedenkzeit (unter anderem auch für ein Gespräch mit meinem derzeitigen Arbeitgeber) ausbitten.

Wenn Sie ein solches oder ähnliches strategisches Konzept entwickelt haben, *spielen* Sie das Vorstellungsgespräch in Gedanken einige Male *durch.* Versuchen Sie, sich dabei unterschiedliche Abläufe vorzustellen. Dies ist sicher nicht ganz einfach, weil Sie Ihre Gesprächspartner nicht kennen und deshalb deren Vorgehensweise, ihr Verhalten und ihre Reaktionen kaum erraten können. Sie können sich aber zumindest vorstellen, welche Fragen mit ziemlicher Sicherheit und welche mit einiger Wahrscheinlichkeit gestellt werden. (Auf die üblichen Fragen gehen wir im Kapitel *„Das eigentliche Vorstellungsgespräch"*, Seiten 55–65, ein.) Genau festlegen können Sie alle Fragen, die Sie selbst stellen wollen. Hierzu erarbeiten Sie sich am besten einen *Katalog von Fragen* (siehe auch das Kapitel *„Die Checkliste des Bewerbers"*), damit Sie im Gespräch nichts Wesentliches vergessen. Schließlich muß es Ihr Ziel sein, in Anbetracht einer bedeutsamen Entscheidung alle für Sie wichtigen Informationen zu erhalten. Sie brauchen diese Fragen nicht unbedingt auswendig zu wissen. Schreiben Sie sie auf einem Block auf, und notieren Sie im Gespräch sofort die Antworten! Ihre Gesprächspartner werden sich vielleicht ebenfalls *Notizen* machen und sicher nicht erwarten, daß Sie alles in Ihrem Gedächtnis speichern.

Lesen Sie kurz vor dem Vorstellungsgespräch noch einmal alle *Korrespondenz* gründlich durch, die bisher zwischen dem Stellenanbieter und Ihnen ausgetauscht wurde! Hierzu gehören die Stellenanzeige, Ihr Bewerbungsschreiben, Lebenslauf und beruflicher Werdegang und eventueller weiterer Schriftwechsel. Es wäre sehr unangenehm, wenn Sie beispielsweise im Gespräch etwas wesentlich anders darstellen würden, als Sie dies vorher in Ihren Bewerbungsunterlagen getan haben. Je gründlicher Sie sich in Gedanken vorbereiten, desto mehr Sicherheit gewinnen Sie für das Vorstellungsgespräch. Sollten Sie aber zu den Menschen gehören, die in ungewohnten Situationen vor Aufregung kaum ein Wort herausbringen und deshalb in Prüfungen und ähnlichen Lebenslagen leicht scheitern, nehmen Sie am besten einmal an einem *mentalen Training* teil. Sie lernen dort, wie Sie sich in jeder Situation entspannen. Sie lernen es, sich zu Hause gedanklich in die einzelnen Phasen des Vorstellungsgesprächs zu versetzen und sich immer, wenn Sie unruhig oder nervös werden, durch Anspannungs- und Entspannungsübungen wieder ruhigzustellen. Wenn Sie dies vorab einige Male geübt haben, können Sie sich in der realen Gesprächssituation sofort entspannen und gelassen reagieren.

Auch auf das Äußere kommt es an

Der oft entscheidende erste Eindruck, den Sie bei einem Vorstellungsgespräch machen, wird stark von Ihrem *Äußeren* mitbestimmt. Noch bevor Sie das erste Wort gesprochen haben, wird Ihr Gesprächspartner – bewußt oder unbewußt – Sie bereits nach Ihrem Auftreten, nach Ihrer Haltung, Ihrer Kleidung, Ihrer Frisur und – bei Damen – nach Ihrem Make-up beurteilen und bereits blitzschnell einstufen. In seinem groben Raster werden Sie dann je nach seinem Geschmack und seinen Wertvorstellungen irgendwo auf einer Skala „gepflegt – ungepflegt", „ordentlich – unordentlich", „modisch – unmodisch", „dezent – auffallend" (oder nach ähnlichen Kriterien) eingeordnet. Zugleich fließt diese erste Einstufung in das Gesamturteil „sympathisch" oder „unsympathisch" ein.

Diese Urteile – oder genauer: *Vor-Urteile* – sind sehr subjektiv und werden von den bisherigen Erfahrungen des Beurteilers geprägt. Sie beeinflussen in hohem Maße den weiteren Verlauf und somit das Ergebnis des Vorstellungsgesprächs. Im Kapitel *„Der erste Eindruck"* werden wir noch näher auf diese Problematik eingehen. Vermeiden Sie deshalb alles, was Ihren Gesprächspartner zu einem negativen Urteil veranlassen könnte, wie verknitterte Kleidung, staubige Schuhe oder eine unordentliche Frisur! Wenn Sie selbst auf diesem Gebiet auch etwas großzügiger sein sollten: Hoffen Sie nicht auf eine ähnliche Einstellung bei Ihrem Gegenüber! Es dürfte sehr schwer für Sie sein, in Ihrem Äußeren den Geschmack Ihrer Gesprächspartner genau zu treffen. Das ist auch gar nicht nötig. Es genügt sicher, wenn Sie den allgemeinen Gepflogenheiten und damit auch den voraussichtlichen Erwartungen der anderen Seite entsprechen. Das heißt: bei einer Vorstellung *gepflegt, sauber* und *nicht auffällig gekleidet* erscheinen! Wenn Sie also Über- oder Untertreibungen vermeiden und sich auf Ihren guten Geschmack und Ihr Fingerspitzengefühl verlassen, liegen Sie sicher richtig.

Tragen Sie einfach, was Ihnen steht: als Herr einen gutsitzenden Anzug, als Dame – je nach Jahreszeit und Mode – ein Kostüm oder Kleid oder Rock und Bluse, nicht zuviel Schmuck und ein dezentes Make-up. Ihre Verhandlungspartner erscheinen in normaler Berufskleidung und putzen sich Ihretwegen sicher nicht besonders heraus. Deshalb brauchen Sie auch nicht zu versuchen, Ihr Gegenüber modisch auszustechen.

Nützlich ist es auch, wenn Sie sich nach den Gepflogenheiten der Branche oder des Unternehmens richten – falls Ihnen diese bekannt sind. Wenn Sie wissen, daß man vorzugsweise dezente Töne (zum Beispiel das sogenannte „Bankerblau“) oder sehr modische Kleidung (vielleicht in einer Modeboutique) trägt, dann ist eine entsprechende Anpassung durchaus empfehlenswert. Kleiden Sie sich allerdings entgegen Ihrem Typ und Geschmack anders, als Sie es gewohnt sind, geht Ihr Auftritt vermutlich schief. In einer solchen „Verkleidung“ wirken Sie nämlich unecht und überzeugen Ihre Gesprächspartner nicht.

Bleiben Sie also in punkto Kleidung auf jeden Fall Sie selbst!

Die Vorbereitung des Interviewers auf das Vorstellungsgespräch

Das Vorstellungsgespräch läuft zu einem großen Teil als *Interview* ab. Das heißt: Ein oder mehrere Mitarbeiter des Unternehmens versuchen, durch Befragen herauszufinden, ob und inwieweit der Bewerber den Anforderungen der Stelle entspricht und ob er überhaupt in das Unternehmen paßt.

Art und Umfang der Vorbereitungen sind in den einzelnen Unternehmen sehr unterschiedlich. Sie hängen vor allem von der Person, der Qualifikation und dem Aufgabengebiet des Interviewers ab. So können Sie als Bewerber auf reine „Amateure“, auf ausgekochte „Profis“ oder auch auf Interviewer treffen, die irgendwo zwischen beiden Extremen einzustufen sind. Wer nur selten einen neuen Mitarbeiter einstellt, geht im allgemeinen laienhafter vorbereitet in ein Vorstellungsgespräch als jemand, dessen tägliche Aufgabe es ist, neue Mitarbeiter auszuwählen.

Als Bewerber können Sie davon ausgehen, daß die Mitarbeiterauswahl und -einstellung in Klein- und Mittelbetrieben in der Regel weniger profihaft betrieben wird als in Großbetrieben. Im einen Fall wählt vielleicht der Chef oder der Leiter der Verwaltung die Mitarbeiter aus; im anderen betreiben Spezialisten (der Personalchef, Personalsachbearbeiter oder sogar Psychologen) die Personaleinstellung.

Eine entscheidende Rolle für die Vorbereitung spielt auch, welche Art von Mitarbeiter eingestellt und *welche Position* besetzt werden soll. Für manche ungelernten und angelernten Tätigkeiten werden die künftigen Arbeitskräfte vielleicht direkt „von der Straße weg“ – und ohne besondere Vorstellungsgespräche – eingestellt. Einigermaßen vollständige Arbeitspapiere und ein ausgefüllter Personalbogen, der äußere Eindruck, daß es der neue Mitarbeiter wohl „schaffen" werde, und vielleicht einige wenige Fragen genügen für eine Entscheidung. Bei einer Verkäuferin, einem Sachbearbeiter oder einer Sekretärin kann eine Vorstellung durchaus eine Stunde oder auch länger dauern. Für Spezialisten oder Führungskräfte reicht häufig *ein* Vorstellungstermin nicht aus. Es kommt dann zu mehreren Vorstellungsgesprächen.

Die Art der Vorbereitung hängt auch davon ab, wieweit das Unternehmen die Personalauslese organisiert und systematisiert hat. Wenn der Auswahlvorgang stark schematisiert ist – zum Beispiel, wenn *Tests* eingesetzt und *strukturierte Interviews* oder sogar *Assessment-Center* (siehe das Kapitel „Das Assessment-Center") durchgeführt werden – ist die individuelle Vorbereitung auf den einzelnen Bewerber ziemlich gering.

Den Ausgangspunkt aller Vorbereitungen bilden die eingereichten *Bewerbungsunterlagen.* Mit ihrer Hilfe fand bereits die *Vorauswahl* statt und wurden einige Bewerber in die engere Wahl gezogen. Vor dem Vorstellungsgespräch sieht der Interviewer diese Unterlagen und den vielleicht vom Bewerber ausgefüllten *Personalfragebogen* noch einmal gründlich durch. Ziel dieser Durchsicht ist zum einen die Einstimmung auf den Bewerber (Kenntnis von Personalien, Lebenslauf, beruflichem Werdegang) und auf das Vorstellungsgespräch, zum anderen das Herausfinden irgendwelcher Unklarheiten, Ungereimtheiten oder Lücken in den Unterlagen oder Angaben. Hier wird der Interviewer im Vorstellungsgespräch „nachbohren", um sich Klarheit zu verschaffen.

Unternehmen, die zielgerichtet und systematisch Personalarbeit betreiben, haben in der Regel *Stellen- und Aufgabenbeschreibungen* für alle wichtigen Positionen. Aus diesen Beschreibungen läßt sich unschwer ein *Anforderungsprofil* des neuen Mitarbeiters erstellen, das zu erkennen gibt, welche besonderen Kenntnisse, Fertigkeiten und Fähigkeiten, welches Verhalten die Position vom Stelleninhaber verlangt. Dieses Anforderungsprofil war auch schon die Grundlage für die Stellenanzeige. Es ist aber auch eine wichtige Hilfe für die Auswahl eines qualifizierten Bewerbers, weil es die Auswahlkriterien liefert, nach denen der am besten geeignete Bewerber gefunden werden kann.

Wenn der Interviewer die Bewerbungsunterlagen noch einmal durchsieht und daran als Meßlatte das Anforderungsprofil anlegt, findet er sicher eine Reihe von Fragen, die er im Vorstellungsgespräch an den Bewerber richten will. Dabei sucht er nach Möglichkeiten, vergangenes Verhalten und frühere Leistungen zu ermitteln, um daraus auf *künftiges* Verhalten und *künftige* Bewährung zu schließen. Ob er diese Fragen im Gedächtnis speichert, als Stichworte oder als vollständige Fragen notiert oder in die Form einer Liste bringt, ist eine Frage der Gepflogenheiten des Unternehmens.

Da meist mehrere Bewerber zur Auswahl stehen, wird ein erfahrener Interviewer versuchen, die einzelnen Kandidaten zu vergleichen. Hierfür kann er sich zum Beispiel eine *Tabelle* (meist in Form einer *Matrix*) oder einen *Anforderungskatalog* zusammenstellen, die beziehungsweise der alle für die zu besetzende Stelle wichtigen Auswahlkriterien enthält (vergleiche Kapitel *„Nach welchen Kriterien werden die Bewerber ausgewählt?“*). Bereits während des Gesprächs oder direkt im Anschluß daran trägt der Interviewer alle Antworten und Ergebnisse ein. Wenn das letzte Vorstellungsgespräch vorüber ist, kann er schließlich die Ergebnisse aller auf einer Gesamtübersicht eintragen, mit Punkten bewerten und eine Rangliste der Kandidaten bilden. Derjenige Bewerber, der den Anforderungen am ehesten entspricht, ist der „Spitzenkandidat“ und wird eingestellt, sofern man mit ihm handelseinig wird.

Manche Großunternehmen laden mehrere Bewerber gleichzeitig ein. Sie führen mit diesen Gruppengespräche oder Assessment-Center durch. (Siehe die Kapitel „Das Gruppengespräch“ und „Das Assessment-Center“.) Mit solchen zum Teil recht aufwendigen Verfahren können sie mehrere Kandidaten gleichzeitig unter gleichen Bedingungen informieren, befragen und beobachten und haben einen guten Quervergleich. Sie setzen mehrere Interviewer oder Beobachter ein und kommen dadurch zu einem ausgewogeneren Urteil über die einzelnen Bewerber.

Falls mehrere Personen die Bewerber auf ihre Eignung hin prüfen, gehört zur Vorbereitung auch eine Abstimmung unter den Interviewern. Dabei wird vor allem geklärt, wer welchen Teil des Gesprächs übernimmt (zum Beispiel, wer die persönliche und wer die fachliche Eignung abklärt). Weitere Einzelheiten zu diesem Themenbereich erfahren Sie im Kapitel *„Der (oder die) Gesprächspartner“*.

Zur Vorbereitung gehört auch der *organisatorische Teil:* Abstimmen des Vorstellungstermins, Reservieren eines Besprechungsraumes, Sicherstellen, daß keine Störungen eintreten, eventuell Reservierung eines Hotelzimmers, Einladung zum Mittagessen und was im Einzelfall noch zur Vorstellung gehören mag.

Wenn Sie auch meist nicht wissen, wie gut Ihr Gegenüber vorbereitet ist: Gehen Sie wohlgewappnet in das Gespräch! Geraten Sie dann an einen gut vorbereiteten Gesprächspartner, sind Sie ebenfalls entsprechend gerüstet. Führt Ihr Gesprächspartner hingegen das Gespräch schlecht vorbereitet oder ganz aus dem Stegreif, haben Sie sogar leichte Vorteile. Wenn Sie selbst genau wissen, worauf es Ihnen ankommt und was Sie sagen und fragen wollen, können Sie die Führung des Gesprächs übernehmen. Sie können es in die Richtung lenken, die *Ihnen* paßt. Nutzen Sie einen solchen Vorteil!

Nach welchen Kriterien werden die Bewerber ausgewählt?

Wer eine Stelle besetzen will, hat das Ziel, den *richtigen* Mann oder die *richtige* Frau an den *richtigen* Platz zu bringen. Deshalb muß er sich zunächst darüber klarwerden, wie die Stelle aussieht und welche Aufgaben dort zu erledigen sind. In vielen Unternehmen gibt es Stellen- oder Aufgabenbeschreibungen, aus denen sich die Anforderungen der Stelle ablesen lassen. Aus diesen Spezifikationen kann man das Bild des „idealen" Stelleninhabers, ein sogenanntes *Anforderungsprofil,* entwickeln. Je nach der Bedeutung der Stelle kann das Anforderungsprofil einige wenige oder aber ein Dutzend und mehr Auswahlkriterien enthalten. So dürften zum Beispiel von einer Kassiererin in einem Supermarkt als persönliche Merkmale Sorgfalt und Zuverlässigkeit, Ehrlichkeit, Belastbarkeit und Lernbereitschaft (Preise, Sonderangebote) und als Fertigkeit die Bedienung der Kasse gefordert werden. Schon für eine Sekretärin umfaßt das Anforderungsprofil – je nach Art des Sekretariats – bereits die doppelte Zahl von Auswahlkriterien. Die Vielfalt der Aufgaben eines Betriebsingenieurs, eines Außendienstleiters oder eines Assistenten der Geschäftsleitung erfordert sicherlich ein noch weitaus umfangreicheres Anforderungsprofil. Die Stellenbeschreibung oder das Anforderungsprofil sollte eigentlich als Grundlage für den Text der *Stellenanzeige* dienen. Soweit dies der Fall war, können Sie als Bewerber aus der Anzeige herauslesen, auf welche Anforderungskriterien es dem Stellenanbieter ankommt. Dies sind dann auch die Kriterien, nach denen bereits die Bewerbungsunterlagen analysiert und später im Vorstellungsgespräch die Bewerber befragt, eventuell getestet und dann ausgewählt werden. Manche Stellenanzeigen sind jedoch so schwammig formuliert, daß die Anforderungen daraus nicht deutlich hervorgehen. Als Bewerber müssen Sie sich dann selbst ein Anforderungsprofil entwickeln. Das gelingt Ihnen sicher leichter, wenn Sie bereits in einer ähnlichen Position tätig waren und die Aufgaben und eventuell noch zusätzlich die Branche und den Markt kennen. Ist die Aufgabe für Sie neu, wird es schwierig. Dann müssen Sie Ihre Phantasie einsetzen!

Eine Stellenanzeige, die nur Allerweltsangaben und Allgemeinplätze wie „umfassende Fachkenntnisse, Liebe zum Beruf, große Berufserfahrung, Dynamik, Kreativität, Führungseigenschaften" und was derlei Anforderungen mehr sein mögen, enthält, läßt vermuten, daß sich der Stellenanbieter nicht viel Mühe gegeben hat. Vielleicht weiß er selbst nicht genau, nach welchen Auswahlkriterien er den – potentiellen – künftigen Mitarbeiter beurteilen soll. Das hat für den Bewerber Vor- *und* Nachteile. Vielleicht kann er sich leichter durch ein Vorstellungsgespräch hindurchmogeln, weil dem Gesprächspartner die Maßstäbe fehlen, an denen er die Eignung des Bewerbers ablesen kann. Dieser hat somit die Chance, auch eine Stelle zu bekommen, für die er kaum oder gar nicht geeignet ist und die er bei gezielter Auswahl nicht erhalten hätte. Hier liegt zugleich aber der Nachteil, weil er vielleicht die Erwartungen später nicht erfüllt und die Stelle wieder aufgeben muß. Solche Rückschläge sollte man lieber von vornherein vermeiden!

Ein anderer Nachteil ist, daß man sich als Bewerber in der Vorbereitung auf das Vorstellungsgespräch viel schwerer tut, wenn man nicht weiß, welchen Anforderungen man überhaupt entsprechen soll.

Gehen Sie deshalb keine Risiken ein, und entwickeln Sie *selbst* ein Anforderungsprofil! Daran können Sie sich dann messen. Vor allem aber haben Sie so die Möglichkeit, sich Argumente zu überlegen, mit denen Sie Ihre Gesprächspartner von Ihren Qualitäten überzeugen. Die folgende Auflistung zeigt, welche Kriterien besonders gefragt sind. Mit ihrer Hilfe können Sie sich ein Anforderungsprofil der jeweiligen Stelle und als Gegenprobe auch Ihr persönliches *Leistungs- und Verhaltensprofil* zusammenstellen. Wenn es Ihnen gelingt, Ihr eigenes Profil realistisch zu entwickeln, vermögen Sie Ihre Chancen auf die angestrebte Stelle besser einzuschätzen. Das kann Sie auch davor bewahren, Illusionen nachzuhängen und sich um die falschen Stellen zu bewerben. Wer seine Stärken und Schwächen genau kennt und das Beste aus seinen Möglichkeiten macht, ist sicher erfolgreicher und zufriedener als derjenige, der unrealistischen Zielen nachjagt.

Die häufigsten Anforderungskriterien

Persönlicher Bereich

- Ausdauer
- Belastbarkeit
- Gleichmut
- Initiative
- Interessenbreite
- Lernbereitschaft
- Rechtschaffenheit (Integrität)
- Sorgfalt
- Wachsamkeit
- Zuverlässigkeit

Motivationsbereich

- berufliches Interesse
- Leistungswille
- Interesse an Weiterbildung
- Motivation für administrative Aufgaben

- Motivation für Kontrollaufgaben
- Motivation für Führungsaufgaben

Selbstentfaltung

- Karrierebewußtsein
- Streben nach Selbstentfaltung
- berufliche/arbeitsplatzorientierte Selbstentfaltung

Entscheidungsfindung

- analytisches Denken
- betriebswirtschaftliches Analysiervermögen
- Entscheidungsfreudigkeit
- Erkennen von Risiken
- mündliche Beschaffung von Informationen
- kontrollierte Entscheidungsbereitschaft
- Neuerungsfreudigkeit
- Offensein für außerbetriebliches Geschehen
- Risikofreudigkeit
- Sinn für innerbetriebliche Zusammenhänge
- Sinn für außerbetriebliche Zusammenhänge
- Sicherheitsbewußtsein
- Urteilsvermögen

Zwischenmenschlicher Bereich

- Anpassungsfähigkeit
- Auftreten
- Aufbauen von Beziehungen
- Beharrlichkeit
- Einfühlungsvermögen
- Flexibilität
- Führungskompetenz
- Frustrationstoleranz
- Selbständigkeit
- Überzeugungskraft
- Verhandlungsgeschick
- Verkaufsgeschick

Kommunikationsbereich

- mündlicher Ausdruck
- mündliche Präsentation
- schriftlicher Ausdruck
- Umsetzung von Fachinformation
- Zuhörfähigkeit

Führungsverhalten

- Arbeitstechnik
- Delegationsgeschick
- Kontrolle und Steuerung
- Koordination von Mitarbeitern
- Mitarbeiterförderung/Mitarbeiterentwicklung
- Planung und Organisation
- Überwachen
- Ziele entwickeln und vereinbaren

Kenntnisse/Fähigkeiten

- Bedienung von Maschinen und Geräten
- Beherrschung von Methoden und Verfahren
- Berufliche Fachkenntnisse/Kompetenz

Nicht alle Anforderungen einer Stelle sind gleich wichtig. Deshalb gewichten Stellenanbieter die Anforderungen häufig in:
„Unbedingt erforderlich“: Fehlen bestimmte Fertigkeiten oder Eigenschaften dieser Stufe, dann ist der Bewerber ungeeignet.

„Wichtig": Fehlen bestimmte Fertigkeiten und Eigenschaften dieser Stufe, kann der Bewerber trotzdem eingestellt werden; vor allem, wenn positive Kriterien den Mangel ausgleichen.

„Nützlich": Fehlen bestimmte Fertigkeiten und Eigenschaften dieser Stufe, ist das nicht schwerwiegend. Sind sie hingegen vorhanden, zählen sie als weitere Pluspunkte für den Bewerber.

Wie ein Anforderungsprofil aussehen kann, zeigt folgendes Beispiel:

Anforderungsprofil „Mitarbeiter im Verkaufsaußendienst"

„Unbedingt erforderlich"
- Verkaufsgeschick
- sicheres Auftreten
- mündliche Ausdrucksfähigkeit
- Überzeugungskraft
- Ausdauer

„Wichtig"
- Planen und Organisieren
- Beharrlichkeit
- Lernfähigkeit
- Flexibilität
- Frustrationstoleranz

„Nützlich"
- Markt- und Warenkenntnisse
- Informationsbeschaffung und -auswertung
- Eigenmotivation

Nur wenige Interviewer fragen in einem Vorstellungsgespräch die Bewerber *direkt,* ob sie die erforderlichen Kenntnisse, Fertigkeiten, Fähigkeiten und Eigenschaften haben. Eine solche Befragung wäre auch nicht sinnvoll. Der Bewerber könnte dann immer mit „Ja" antworten, und der Interviewer wäre nicht viel klüger als zuvor. Ein Interviewer mit guter Menschenkenntnis und Beobachtungsgabe kann bereits einige wesentliche *Verhaltensweisen* beobachten und hieraus seine Schlüsse ziehen. So kann er zum Beispiel feststellen, wie sicher der Kandidat auftritt, wie gewandt er sich ausdrückt, ob er zuhören kann oder anderen ins Wort fällt, ob er eigenständige Gedanken äußert oder nur nachplappert, wie geschmackvoll und gepflegt er gekleidet ist oder wie sympathisch er wirkt.

Deshalb wird ein geübter Interviewer versuchen, durch gezieltes Fragen Beispiele echten Verhaltens aus der *bisherigen* Tätigkeit des Bewerbers zu erfahren. Aus den Antworten versucht er dann auf das *künftige* Verhalten des Bewerbers in der neuen Position zu schließen. Ein Ausschnitt aus einem Interview mag das verdeutlichen:

Interviewer: „Sie erwähnten, daß Sie einen völlig neuen Isolierstoff auf den Markt gebracht haben. Das war doch sicher nicht einfach. Wie haben Sie dieses neue Produkt denn bekanntgemacht?"

Bewerber: „Meine Firma hatte natürlich in einigen Fachzeitschriften geworben. Das genügte jedoch nicht. – Nun, es war aber nicht das erste Mal, daß ich vor solch einer Aufgabe stand. Für die Firma Braun & Co. hatte ich vor einigen Jahren bereits einige neue Baustoffe eingeführt. Ich informierte mich zunächst in der Fachpresse über die bisher verwendeten Produkte und deren Anwendungsgebiete. Dann besuchte ich sämtliche Fachkongresse, Tagungen und ähnliche Veranstaltungen. Dort meldete ich mich im Anschluß an die Vorträge mit Diskussionsbeiträgen und gab dabei Informationen über unseren neuen Isolierstoff. Vor allem aber knüpfte ich bei solchen Gelegenheiten Kontakte zu möglichen Anwendern."

Interviewer: „Wie aber kamen Sie mit diesen ins Geschäft?"

Bewerber: „Ich fragte sie nach ihren Erfahrungen mit den bisherigen Isolierstoffen, vor allem aber nach Problemen in deren Anwendung. Meist erhielt ich entsprechende Informationen. Daraufhin bot ich ihnen eine Problemlösung mit unserem Produkt an. Häufig ließen sie sich überreden, einen kostenlosen Versuch zu machen. Der überzeugte in der Regel, und ich hatte wieder einen Kunden gewonnen."

Interviewer: „Sehr interessant. Nun hatte aber gerade in den beiden letzten Jahren auf dem Isoliermittelmarkt ein ruinöser Wettbewerb eingesetzt. Haben Sie auch versucht, durch Preisunterbietungen im Geschäft zu bleiben?"

Bewerber: „Wir haben uns auf diesen Preiswettbewerb nicht eingelassen. Unser Isolierstoff ist ein Spitzenprodukt, und in den Verkaufsgesprächen habe ich immer die besonderen Vorteile unseres Erzeugnisses herausgestellt. Insbesondere konnte ich nachweisen, daß unser höherer Preis betriebswirtschaftlich gerechtfertigt ist. Schnellere und saubere Verarbeitung und vor allem die hohe Isolierfähigkeit und die lange Lebensdauer waren da gute und überzeugende Argumente."

Aus dieser Darstellung des Bewerbers kann der Interviewer folgern, daß der Bewerber besonders erfolgreich im Erschließen neuer Märkte und im Einführen neuer Produkte ist. Er erkennt, daß dieser systematisch vorgeht, daß er es versteht, auf sich und das Produkt aufmerksam zu machen. Dabei verläßt er sich nicht auf die üblichen Methoden (Werbung), sondern entwickelt selbst Ideen und Initiative. Er scheint keine Schwierigkeiten zu haben, sich auch in einem größeren Personenkreis zu Wort zu melden, und vermag offenbar leicht Kontakte zu knüpfen. In seiner Argumentation geht er auf die Probleme der Kunden ein und bietet ihnen Lösungen an. Er scheint als Berater geschätzt zu sein. Außerdem gehört er wohl nicht zu den Verkäufern, die nur über den Preis ein Produkt zu verkaufen versuchen. Statt dessen argumentiert er über den Nutzen und über betriebswirtschaftliche Vorteile.

Ein guter Interviewer beschränkt sich aber nicht auf *ein* solches Fragespiel, sondern versucht, noch weitere Verhaltensbeispiele zu erfahren. Damit sichert er sein Urteil ab.

Manche Interviewer machen sich das Leben in einem Vorstellungsgespräch jedoch bedeutend leichter. Sie lassen sich sehr stark von ihrem *Gefühl* leiten und beurteilen in erster Linie, wie sympathisch ihnen der Bewerber ist und ob

sie glauben, mit ihm gut zusammenarbeiten zu können. Kann sich dieser Bewerber außerdem noch geschickt ausdrücken und gibt er dem Interviewer immer recht, dann hat er bereits gewonnen.
Gewiß, die *Sympathie* spielt auch in der betrieblichen Zusammenarbeit eine gewichtige Rolle. Sie sollte aber *nicht* zum hauptsächlichen Auswahlkriterium werden. Die Enttäuschung ist nachher sonst um so größer, wenn der Bewerber fachlich und vielleicht auch menschlich nicht hält, was sich der Stellenanbieter gefühlsmäßig von ihm versprochen hat.
Auf die besondere Wirkung von Sympathie und Antipathie im Vorstellungsgespräch gehen wir noch einmal im Kapitel *„Der erste Eindruck“* ein.

Gibt es einen Zielkonflikt zwischen Unternehmen und Bewerber?

Diese Frage ist weder mit einem klaren *Ja* noch mit einem eindeutigen *Nein* zu beantworten.
Das Ziel eines Unternehmens ist es im Regelfall, den am besten geeigneten Mitarbeiter zu finden. Dieses in der Theorie sehr einleuchtende und klare Ziel ist in der Praxis oft gar nicht so leicht zu verwirklichen. Dafür gibt es viele Gründe:
Häufig haben die Verantwortlichen im Unternehmen keine klaren Vorstellungen davon, *was* der neue Mitarbeiter genau tun soll. Folglich können sie den *„idealen“* Mitarbeiter auch gar nicht genau beschreiben. Das kann daran liegen, daß für die Stelle gar keine, keine ausführliche oder aber eine längst überholte Stellenbeschreibung vorliegt. Vielleicht hat der bisherige Stelleninhaber auch vieles falsch gemacht, und man sucht jetzt jemanden, der alles besser erledigt, weiß aber auch nicht, *wie* er dies bewerkstelligen soll. Oder man plant irgendwelche Neuerungen und hat deshalb keine Erfahrungen, sondern nur ungefähre Vorstellungen, wie die Sache laufen könnte.
Eine große Zahl von Stellenanzeigen läßt vermuten, daß sich die Unternehmen nicht ganz klar darüber sind, wie ihr künftiger Mitarbeiter aussehen soll. Sie helfen sich dann damit, daß sie vorsichtshalber den qualifiziertesten suchen, obwohl ein weniger qualifizierter Mitarbeiter die Aufgaben genausogut

erledigen könnte. Sie gehen damit das Risiko ein, einen *überqualifizierten* und somit vielleicht bald unzufriedenen Mitarbeiter zu haben. Wer nämlich von seiner Aufgabe nicht voll gefordert wird, kann zu einem ständigen Unruheherd werden. Oder er verläßt das Unternehmen wieder, wenn er keine anderen Aufgaben bekommt, und die Mitarbeitersuche beginnt von vorn.

Wenn der Arbeitsmarkt keine Mitarbeiter mit der gewünschten Qualifikation bietet, schraubt das Unternehmen möglicherweise seine Zielsetzung herunter und versucht sein Glück mit dem *zweitbesten* Mitarbeiter. Vielleicht ist das genau die richtige Lösung, wenn dieser in seine Aufgabe hineinwächst und beide Seiten dann voll zufrieden sind.

Schließlich kann das Ziel sogar sein, *überhaupt* einen Mitarbeiter zu finden, damit die Stelle nicht länger unbesetzt bleibt. Auch eine solche Lösung kann zum gewünschten Erfolg führen. Häufig aber geht die Sache schief, weil der Mitarbeiter keineswegs die erforderlichen Leistungen bringt.

Der Bewerber hat – wenn er sich realistisch einschätzt – im Regelfall das Ziel, eine seinen Kenntnissen und Fähigkeiten *entsprechende* Stelle zu finden. Dabei möchte er sich nach Möglichkeit gegenüber seiner bisherigen Position *verbessern.* Wenn er sich auf die richtige Stellenanzeige bewirbt und genau die geforderten Qualifikationen (fachlich und menschlich) mitbringt und es dann zum Vertragsabschluß kommt, haben beide Seiten ihr Ziel erreicht.

Häufig strebt jemand aber eine Position an, die er nicht – oder zumindest *noch* nicht – ausfüllen kann. Sein Ziel ist es, dennoch eingestellt zu werden. Wenn er seine nicht ausreichenden Qualifikationen in der Bewerbung und im Vorstellungsgespräch geschickt überspielt und zudem Glück hat, wird er vielleicht genommen und gelangt kurzfristig an sein Ziel. Arbeitet er sich erfolgreich ein und wird er ein wertvoller Mitarbeiter, haben schließlich beide Seiten erreicht, was sie wollten. Erfüllt er die Erwartungen nicht, haben beide Pech gehabt. Für das Unternehmen können solche Fehlbesetzungen sehr teuer werden, denn Fehlinvestitionen – das heißt in diesem Fall Investitionen in den falschen Mitarbeiter – erreichen oft rasch fünf- oder sechsstellige Beträge.

Für den Mitarbeiter kann eine Entscheidung für die falsche Stelle ebenfalls sehr unangenehm werden. Mögliche Folgen sind: Kündigung, erneute Stellensuche, eventuell ein „Knick in der Karriere“ oder sogar Arbeitslosigkeit.

Ein grundsätzlicher *Zielkonflikt* zwischen Unternehmen und Bewerbern liegt darin, daß die Unternehmen möglichst alle Informationen über die Bewerber haben wollen, welche die tatsächliche Eignung für die Stelle erkennen lassen. Ein Bewerber will hingegen nur *die* Informationen geben, die ihn in einem günstigen Licht erscheinen lassen. Er ist deshalb nicht daran interessiert, seine Schwächen zuzugeben oder bisherige berufliche Mißerfolge offenzulegen.

Beide Zielsetzungen sind verständlich, und es ist klar, daß jede Seite ihrem Ziel so nahe wie möglich kommen will. Wer im Einzelfall „Sieger“ sein wird, ist kaum vorherzusagen. In einem von beiden Seiten fair geführten Vorstellungsgespräch ist aber die Chance groß, daß beide daraus als Gewinner hervorgehen, weil sie eine für alle akzeptable Lösung finden.

Ein Zielgegensatz kann auch durch unvereinbare Vorstellungen und Anforderungen des Unternehmens entstehen. Bisweilen stellen Firmen *unrealistische* Forderungen, wie manche Stellenanzeigen beweisen. Da werden zum Beispiel von jungen Mitarbeitern Erfahrungen und Fähigkeiten verlangt, die diese – wenn überhaupt – erst sehr viel später aufweisen können. Oder es werden sehr unterschiedliche Qualifikationen verlangt, die bei einem Menschen kaum gleichzeitig anzutreffen sind: Da soll jemand zugleich Spezialist *und* Generalist sein, oder man sucht einen Mitarbeiter, der in Linien- *und* Stabsfunktionen gleich hervorragend sein soll. Ob das gelingt?

Wenn Sie sich auf ein solches Inserat hin beworben haben und auch in die engere Wahl gezogen wurden, kommt im Vorstellungsgespräch die „Stunde der Wahrheit“ – es sei denn, Sie sind *wirklich* so qualifiziert, wie das Unternehmen es forderte. War für den Stellenanbieter aus Ihren Bewerbungsunterlagen bereits zu erkennen, daß Sie nicht sämtliche seiner – überzogenen – Erwartungen erfüllen, können Sie relativ gelassen in das Vorstellungsgespräch gehen. Es liegt dann an Ihnen, während der Unterredung herauszufinden, wo Ihr Gesprächspartner bereit ist, Abstriche von seinen Zielvorstellungen zu machen.

Problematisch wird es, wenn Sie auf unrealistische Anforderungen mit einem ebenfalls unrealistischen Angebot geantwortet haben. Ist es Ihr Ziel, in diesem Unternehmen mitzuarbeiten, gibt es *zwei* Möglichkeiten: Entweder Sie stapeln auch im Vorstellungsgespräch hoch und tun dies so glaubhaft, daß sich das Unternehmen für Sie entscheidet. Dann wird die Praxis zeigen, ob Sie bestehen oder scheitern. Oder es gelingt Ihnen, die Erwartungen des Unternehmens auf ein realistisches Maß herunterzuschrauben. Ist man schließlich mit dem zufrieden, was Sie bieten können, haben Sie auch ein Übereinstimmen der Ziele erreicht. Eine erfolgversprechende Zusammenarbeit müßte nunmehr möglich sein.

Die Erfahrung lehrt nämlich sehr oft, daß die Unternehmen – aus welchen Gründen auch immer – im Stellenangebot viel *höhere und umfangreichere Qualifikationen* verlangen als von der Aufgabe her erforderlich sind. Hier kann es zunächst das Ziel eines Bewerbers sein, in die engere Wahl zu kommen. Deshalb preist er sich in seinem Bewerbungsschreiben so an, wie es die Anzeige erforderte. Im Vorstellungsgespräch ist es dann sein Ziel, die Anforderungen seiner Gesprächspartner so weit zu senken, daß er als der geeignete

Mitarbeiter erscheint. Dies ist recht häufig möglich.
Manche Bewerber trauen sich allerdings weitaus mehr zu, als sie zu leisten imstande sind. Wahrscheinlich werden im Vorstellungsgespräch ihre Schwächen aufgedeckt. Vielleicht trägt diese Erfahrung dazu bei, sich in Zukunft realistischer zu sehen und sich erreichbare Ziele zu setzen. Vielleicht gelingt es ihnen aber auch, die Gesprächspartner zu blenden und eingestellt zu werden. Kurzfristig sind sie dann an ihr Ziel gelangt. Vielleicht aber bleibt es bei einem „Gastspiel", und sie überstehen die Probezeit nicht. Hier zeigt sich, wie wichtig für beide Seiten ein fair geführtes Vorstellungsgespräch ist. Es trägt dazu bei, daß beide Seiten klarer sehen und schwerwiegende Fehler vermeiden.
In einem solchen Gespräch sind beide Partner auch häufig gezwungen, ihre Zielvorstellungen zu berichtigen. Wenn sie dadurch zu einer für beide akzeptablen Lösung kommen, haben sie ihr gemeinsames Ziel erreicht: der *richtige* Mann oder die *richtige* Frau auf dem *richtigen* Platz.

Das Warten vor Beginn des Gesprächs

Es sollte selbstverständlich sein, daß Sie als Bewerber auf jeden Fall rechtzeitig zum Vorstellungsgespräch erscheinen; das bedeutet: lieber einige Minuten zu früh als zu spät! Noch immer wird nämlich *Pünktlichkeit* zu den menschlichen Grundtugenden gezählt und deshalb als selbstverständlich erachtet. Sie wird von vielen Menschen in die Nähe von Termintreue, Zuverlässigkeit, Pflicht- und Verantwortungsbewußtsein, Höflichkeit, Glaubwürdigkeit, Aufrichtigkeit und ähnlichen positiven Eigenschaften gerückt. Wer pünktlich ist, sammelt damit sofort einige Pluspunkte; ist er es hingegen *nicht,* hat er gleich etliche Minuspunkte kassiert.
Deshalb wäre es nicht nur unhöflich, die Gesprächspartner bei einem Vorstellungsgespräch warten zu lassen, sondern auch sträflich ungeschickt.
Als vorsichtiger Bewerber planen Sie daher nicht nur für die Anfahrt einen gewissen Zeitpuffer ein, sondern auch für Ihre Ankunft im Unternehmen. Sie wollen nämlich pünktlich *bei Ihrem Gesprächspartner* sein. Dazu genügt es nicht, auf die Minute genau beim Pfört-

ner im Haupteingang zu stehen. In großen Unternehmen kann es nämlich einige Zeit dauern, bis Sie ein vielbeschäftigter Pförtner zur Kenntnis nimmt, eventuell einen Besucherschein ausfüllt und Ihre Ankunft der Personalabteilung oder dem Sekretariat Ihres Gesprächspartners mitteilt. Bis Sie dann abgeholt und zum Treffpunkt gebracht werden, können leicht einige Minuten verstreichen. Ihr Gesprächspartner kann das schon als Unpünktlichkeit werten.

Es ist durchaus möglich, daß Sie bereits beim Betreten des Unternehmens beobachtet und eingeschätzt werden. Schon der Pförtner oder die Dame am Empfang macht sich ein Bild von Ihnen. Bisweilen werden sie auch später gefragt, was sie von Ihnen halten. Benehmen Sie sich deshalb bereits dort ganz *normal und natürlich!* Das heißt: Treten Sie freundlich und höflich, ruhig und selbstbewußt auf! Versuchen Sie Ihre verständliche Nervosität zu unterdrücken, indem Sie ruhig stehen oder bequem in einem der ja meist vorhandenen Sessel Platz nehmen! Wenn Informationen über das Unternehmen ausliegen, sollten Sie die Gelegenheit nutzen, Ihre diesbezüglichen Kenntnisse zu verbessern – vorausgesetzt, Sie schaffen es, sich auf die Lektüre zu konzentrieren.

Vielleicht wechseln Sie auch mit dem Pförtner oder der Empfangsdame einige Sätze. Dabei können Sie, wenn Sie geschickt fragen, manchmal sehr aufschlußreiche Informationen bekommen. Seien Sie insgesamt aber eher freundlich-zurückhaltend, und lassen Sie sich von ihnen vor allem nicht ausfragen!

Die nächste Gelegenheit, sich in Geduld zu üben, bietet sich Ihnen häufig im Wartezimmer der Personalabteilung oder im Vorzimmer Ihres Gesprächspartners. Es ist für viele nicht angenehm, mit Unbekannten in einem Raum zu warten, insbesondere, wenn hier eine „Wartezimmeratmosphäre" herrscht. Sie haben jetzt mehrere Möglichkeiten, die Wartezeit gut zu überstehen: Sie lesen die mitgebrachte oder ausgelegte Tageszeitung oder Informationen über das Unternehmen; Sie stellen sich in Gedanken auf das Vorstellungsgespräch ein; Sie betrachten die anderen Wartenden; Sie hören zu, wenn sich andere unterhalten, oder Sie beteiligen sich an einem Gespräch. Auch solche Wartezeiten können informativ sein. So kannte ich einmal nach halbstündigem Warten die beruflichen Werdegänge, die Gehaltsvorstellungen und die frühesten Eintrittstermine meiner Mitbewerber. Das war für mich im Vorstellungsgespräch sehr nützlich.

Die entscheidende und aufschlußreichste Wartezeit verbringen Sie im *Vorzimmer* Ihres Gesprächspartners, insbesondere des künftigen Fachvorgesetzten. Hier gilt es, sich vorteilhaft zu verhalten und genau zu beobachten. Nutzen Sie die Gelegenheit, weitere Pluspunkte zu sammeln! Der Chef fragt nämlich nach dem Vorstellungsgespräch recht häufig auch seine Sekretärin nach ihrem Eindruck von dem Bewerber.

Seien Sie deshalb freundlich und höflich, und treten Sie dennoch selbstbewußt auf! Nennen Sie laut und deutlich Ihren Namen. Legen Sie Ihren Mantel ab. Können Sie keine Ablagemöglichkeit entdecken, fragen Sie danach! Sollte man Ihnen keinen Stuhl anbieten, bleiben Sie ruhig stehen. Greifen Sie auch nicht zu Zigarette oder Pfeife, selbst wenn Sie etwas „Halt" nötig hätten! Wechseln Sie mit der Vorzimmerdame einige freundliche Sätze, es sei denn, diese ist stark beschäftigt! Versuchen Sie aber nicht, die Dame auszufragen! *Lassen* Sie sich andererseits auch nicht ausfragen!

Nutzen Sie die Zeit im Vorzimmer vor allem aber zu wichtigen *Beobachtungen!* So können Sie bereits aus Art und Ausstattung dieses Raumes auf den Stil des Unternehmens – vor allem aber auf den Geschmack und den Arbeitsstil der engsten Mitarbeiterin Ihres Gesprächspartners – schließen. Bis zu einem gewissen Grade läßt das auch noch Rückschlüsse auf den Chef zu. Schließlich wird er in seiner Umgebung nichts dulden, was ihm mißfällt.

Achten Sie auch darauf, wie sehr man von Ihnen Notiz nimmt und wie man sich um Sie kümmert! Wenn man Sie jetzt schon kaum beachtet, wo man noch sehr an Ihnen interessiert sein müßte, können Sie sich bereits ausmalen, wie es Ihnen ergeht, wenn Sie erst Mitarbeiter sind …

Achten Sie auch auf den Ton, in dem die Sekretärin mit anderen Mitarbeitern telefoniert, wie sie mit den Anrufern umgeht und wie sie Mitarbeiter behandelt, die ins Sekretariat kommen! Beobachten Sie auch, welcher *Umgangston* zwischen dem Chef und seiner Mitarbeiterin herrscht und welcher *Arbeitsstil* zu erkennen ist!

Aus all diesen Wahrnehmungen können Sie den Schluß ziehen, ob Sie in diesem Unternehmen und unter diesem Chef arbeiten möchten. Die Entscheidung, die Sie nach dem Vorstellungsgespräch treffen müssen, fußt dann auf einem festeren Fundament.

Der Personalfragebogen

Als Bewerber können Sie den Eindruck gewinnen, daß Ihnen manche Unternehmen – ob absichtlich oder gedankenlos, sei einmal dahingestellt – allerhand Arbeit oder Belästigung zumuten. Hierzu gehören die *Personalfragebögen,* die fast alle großen und viele mittlere Unternehmen den Bewerbern zum Ausfüllen in die Hand drücken. Soweit dieser Personalfragebogen Bewerbern übergeben wird, die sich „auf Verdacht“ bewerben und „unaufgefordert“ beim Unternehmen vorsprechen, ist dagegen kaum etwas einzuwenden. In diesen Fällen bedeutet der Personalfragebogen sogar eine *Erleichterung* für beide Seiten. Der Bewerber weiß, auf welche Informationen es dem Unternehmen ankommt (persönliche Daten, Schul- und Berufsausbildung, beruflicher Werdegang, spezielle Kenntnisse und Erfahrungen, Gehaltsvorstellungen, Gesundheitszustand), und kann alle gewünschten Angaben lückenlos liefern. Das Unternehmen bekommt die Informationen in einer für alle Bewerber und Mitarbeiter gleichen Reihenfolge und Vollständigkeit. Es kann daher leichter verschiedene Bewerber vergleichen und eine Vorauswahl treffen. Schließlich hat es für später bereits ein Stammblatt für die Personalakte.

Wenn der Bewerber alle Fragen gewissenhaft ausfüllt, erfährt das Unternehmen auch etwas über seine *Gehaltsvorstellungen* (diese fehlen in den Bewerbungsunterlagen häufig, weil der Bewerber hofft, im Vorstellungsgespräch vielleicht ein besseres Ergebnis zu erzielen) und dank einiger (manchmal indiskreter) Fragen auch etwas über den Gesundheitszustand – bei Frauen über eine eventuelle Schwangerschaft – oder über eventuelle Vorstrafen des Bewerbers. Außerdem bekommt das Unternehmen durch den Hinweis im Personalfragebogen, daß falsche Beantwortung der Fragen zu einer fristlosen Kündigung berechtigt, eine rechtliche Handhabe dazu, sich bei unwahren Angaben von unliebsamen Mitarbeitern ohne große Schwierigkeiten wieder zu trennen.

Wenn Sie Ihre Gehaltsvorstellungen im Personalfragebogen nicht nennen wollen, bleibt Ihnen als Ausweg ein Hinweis wie: „Derzeitiges Gehalt DM …; über mein künftiges Gehalt möchte ich erst sprechen, wenn ich die Anforderungen der Stelle und die Leistungen des Unternehmens insgesamt kenne.“ Eine solche Angabe wird meist akzeptiert.

Als *Belästigung* muß ein Bewerber den Personalfragebogen empfinden, wenn er bereits seine *vollständigen Bewerbungsunterlagen* eingereicht hat. Falls er den Fragebogen zusammen mit der Einladung zum Vorstellungsgespräch

zugeschickt bekommt, hat er wenigstens zu Hause genügend Zeit, mit Hilfe seiner Unterlagen alle Fragen genau zu beantworten. Bekommt er hingegen den Bogen am Vorstellungstag überreicht, dann hat er zwar eine Beschäftigung, um die Wartezeit zu überbrücken. Er tut sich jedoch ohne Unterlagen häufig schwer, alle Fragen vollständig zu beantworten. Deshalb ein Tip für Bewerber: Nehmen Sie zum Vorstellungsgespräch einen *vollständigen Satz Bewerbungsunterlagen* (insbesondere Bewerbungsschreiben, Lebenslauf und beruflichen Werdegang, Zeugnisse) mit!
Unternehmen, die den Bewerbern unnötige Mehrarbeit ersparen wollen, füllen den Personalfragebogen mit Hilfe der Bewerbungsunterlagen selbst aus. Sie erfragen eventuell noch fehlende Angaben während des Vorstellungsgesprächs. Häufig dient der Personalfragebogen dem Interviewer als „roter Faden" für den Ablauf des Gesprächs. Von den Bewerbern, die sie dann tatsächlich einstellen, lassen diese Firmen den Bogen zum Schluß noch unterschreiben.

Die meisten Bewerber füllen den Personalfragebogen brav und ohne Murren aus. Schließlich sind sie an der Stelle interessiert und wollen ihren künftigen Arbeitgeber nicht verärgern. Fühlen Sie sich in derselben Lage, dann unterziehen Sie sich am besten auch dieser Mühe. Tun Sie es ohne Groll und inneren Widerstand! Dann geht Ihnen das Ausfüllen leichter von der Hand. Enthält der Personalfragebogen allerdings *indiskrete Fragen,* die Sie nicht beantworten wollen, dann lassen Sie diese offen. Im Vorstellungsgespräch haben Sie Gelegenheit, hierzu Stellung zu nehmen.

Halten Sie es jedoch für überflüssig, noch einmal in allen Einzelheiten Angaben zu Ihrer Person und zu Ihrem Werdegang zu machen, dann fragen Sie freundlich und bestimmt, ob in Ihrem Fall das Ausfüllen des Personalfragebogens unbedingt notwendig sei. Vielleicht haben Sie Glück, und man erläßt Ihnen die Arbeit, ohne es Ihnen negativ anzukreiden. Dies könnte zum Beispiel dann zutreffen, wenn Sie einen hohen Marktwert haben und das Unternehmen sehr an Ihnen interessiert ist.

Ab bestimmten Positionen werden an den Bewerber ohnehin andere Anforderungen gestellt und andere Maßstäbe angelegt. Dann können Sie es sich auch leisten, einen Personalfragebogen *nicht* auszufüllen.

Welche Fragen Sie nicht zu beantworten brauchen, erfahren Sie im Kapitel *„Das Fragerecht des künftigen Arbeitgebers und die Auskunftspflicht des Bewerbers".*

Der erste Eindruck

Der erste Eindruck spielt bei der Begegnung zweier Menschen oft eine weitaus entscheidendere Rolle, als dies den Beteiligten bewußt wird. Innerhalb *kürzester* Zeit – oft in wenigen Sekunden – entsteht ein Bild des anderen, das leider keineswegs so objektiv ist wie das Bild einer Filmkamera. Dieses Bild setzen wir sofort in ein Urteil um, das aber wegen der geringen Zahl der verarbeiteten Eindrücke und Wahrnehmungen nur ein *Vor-Urteil* sein kann. Die Gefahr indes ist groß, daß wir auch im weiteren Verlauf der Begegnung von diesem ersten Eindruck so stark beeinflußt sind, daß wir hauptsächlich auf die Dinge achten, die in das einmal entwickelte Bild passen. Wir registrieren nur noch das, was unser Vorurteil *bestätigt.*
Was geschieht beim ersten Eindruck? Wie formt sich dabei unser Bild von einem anderen Menschen?
Wenn wir erstmalig bewußt einen fremden Menschen wahrnehmen, entsteht in uns sofort eine Fülle von Vorstellungen, aus denen wir uns ein mehr oder weniger umfängliches und zutreffendes Bild von dem anderen, von seiner Persönlichkeit machen. Dabei erkennen wir den anderen nicht „an sich", sondern in seiner *Bedeutung für uns.*
Unser Hirn empfängt innerhalb von Sekunden eine Vielzahl von Reizen:

- *Über die Augen:* Wir sehen Größe, Haltung, Aussehen, Kleidung, Bewegung, Mimik, Gestik, Benehmen. Oft nehmen wir auch nur Bruchteile wahr, wie: blaue Augen, gebräuntes Gesicht, Zucken um den rechten Mundwinkel.
- *Über die Ohren:* Stimme des anderen, Lautstärke, Aussprache, Dialekt.
- *Über die Nase:* Geruch (Parfüm, Körpergeruch, Mundgeruch). – Daher kommt ja auch der Ausspruch: Man kann jemanden (nicht) riechen.

Unser Hirn verarbeitet die Reize wie ein Computer. Das Programm ist aufgebaut auf unserer Erziehung, auf früheren Erfahrungen, auf eigenen Normen und Wertvorstellungen, auf Einstellungen und Vorurteilen. Oft wissen wir gar nicht, *wie* das Ergebnis zustande kommt, das unser Hirn liefert.
Am meisten fallen einem Menschen an einem anderen diejenigen Eigenschaften und Eigenarten auf, die er selbst besitzt oder besitzen möchte, oder aber die, die diesen direkt entgegengesetzt sind, zum Beispiel: Frohnatur, stattliche Figur, Temperament, Korrektheit. Oft wird auch aus der Ähnlichkeit mit einer bekannten Person (*„Auch so einer?"*) sofort auf Charakter, Verhalten oder Leistung geschlossen. Ein besonders auffälliges positives oder negatives Merkmal einer Person wirft oft seinen Schatten über alle Urteile, die sich auf

diese Menschen beziehen. Wer zum Beispiel gut, gesund und sauber aussieht, wird im allgemeinen auch als *intelligent* eingestuft (obwohl es keine Beziehungen zwischen diesen Zügen und der Intelligenz gibt!). Auch Brillenträger werden eher als intelligent angesehen. Gutaussehenden und sympathischen Menschen werden auch leicht andere positive Eigenschaften wie fleißig, zuverlässig, vertrauenswürdig zugebilligt. Manche neigen – oft unbewußt – auch dazu, eigene Wünsche, Schwächen und Konflikte in andere zu übertragen.

Nicht jeder reagiert auf die gleichen Reize gleich. Er gewichtet sie unterschiedlich und deutet sie verschieden. Dadurch können mehrere Menschen bei der ersten Begegnung mit der gleichen Person zu völlig verschiedenen ersten Eindrücken kommen. Sie werden dann auch unterschiedliche Vor-Urteile fällen und sich im weiteren Verlauf der Begegnung durchaus unterschiedlich verhalten.

So irreführend der erste Eindruck auch manchmal sein mag und so fatal seine Folgen häufig sein mögen: Er ist dennoch *notwendig*. Wir brauchen nämlich einfach ein System, das uns rasch erlaubt, einen Menschen einzuordnen und uns entsprechend zu verhalten.

Für unsere Urahnen war der erste Eindruck oft sogar entscheidend über Leben und Tod. Sie mußten blitzschnell erkennen, ob ihnen ein Freund oder ein Feind gegenüberstand, und dann sofort entscheiden, ob es besser war, auf den anderen friedlich zuzugehen, ihn anzugreifen oder aber zu fliehen.

Von diesen Urmenschen haben wir die Fähigkeit, einen ersten Eindruck zu gewinnen, geerbt. Wir teilen jedoch in friedlichen Zeiten unser Gegenüber nicht in die Kategorien Freund – Feind ein, wohl aber in *sympathisch – unsympathisch*. Und nach diesem Vorurteil richten wir (häufig unbewußt) unser weiteres Verhalten aus.

Was können Sie als Bewerber aus diesen Erkenntnissen folgern, und welchen Nutzen können Sie für das Vorstellungsgespräch ziehen? Sie müssen sich immer wieder darüber klarwerden, daß auch Sie selbst der *Wirkung des ersten Eindrucks* unterliegen.

- Versuchen Sie deshalb, sich in Ihrem Urteil über Ihren Gesprächspartner nicht sofort und endgültig festzulegen!
- Beobachten Sie ihn und seine Umgebung genau, und lassen Sie möglichst viele Eindrücke in Ihr Urteil einfließen!
- Seien Sie jederzeit zu einer Korrektur Ihres Urteils bereit!

Je positiver Ihr erster Eindruck von Ihrem Gesprächspartner ausfällt und je mehr Sie dies Ihrem Gegenüber durch Ihr Verhalten signalisieren, desto sympathischer werden Sie auch ihm sein. Auf diese Weise gewinnen Sie bereits wertvolle Pluspunkte.

Meist wird es Ihr Ziel sein, die Stelle zu bekommen. Deshalb werden Sie versuchen, auf Ihren Gesprächspartner einen möglichst guten ersten Eindruck zu machen und diesen im Verlauf des Vorstellungsgesprächs zu einem *dauerhaft* guten Eindruck zu festigen. Die Schwierigkeit besteht nur darin, daß Sie nicht wissen, auf welche Äußerlichkeiten und Verhaltensweisen Ihr Gesprächspartner besonderen Wert legt und auf welche Normen und Wertvorstellungen er sein erstes Urteil aufbauen wird. Die Frage, wie Sie sich trotzdem mit einiger Wahrscheinlichkeit auf Erfolg mit Ihrem Äußeren auf Ihr Gegenüber einstellen können, behandelt das Kapitel *„Auch auf das Äußere kommt es an"*. Versuchen Sie auf jeden Fall, ein Erscheinungsbild zu bieten, das *allgemein* als positiv angesehen wird!

Im Gegensatz zu Ihrem Äußeren können Sie Ihr *Verhalten* im Verlauf des Vorstellungsgesprächs in einem gewissen Umfang ändern, wenn Sie erkennen, welche Verhaltensweisen auf Ihren Gesprächspartner einen besonders positiven Eindruck machen.

Zum Auftakt halten Sie sich an die *Regeln des guten Tons.* Da Ihr Gesprächspartner im allgemeinen die Initiative übernimmt, Ihnen entgegenkommt und Sie begrüßt, brauchen Sie zunächst nur lächelnd zurückzugrüßen. Treten Sie dabei ruhig und freundlich und möglichst natürlich auf. Vermeiden Sie es, zu forsch aufzutreten (*„Hoppla, jetzt komm' ich!"*) oder aber steif und verkrampft zu wirken!

Versuchen Sie, eine *„Sympathiebrükke"* aufzubauen, auf der Ihnen Ihr Gesprächspartner entgegenkommen kann:

- Lächeln Sie ihn an, und bestätigen Sie seine Worte durch Zustimmung (zum Beispiel durch Ja-sagen, Kopfnicken, Wiederholen)!
- Finden Sie ihn sympathisch, und zeigen Sie ihm das auch (durch Anlächeln, Loben)!
- Freuen Sie sich, ihm zu begegnen! (Zeigen oder sagen Sie es ihm!)
- Finden Sie etwas an ihm oder – was einfacher ist – an seiner Umgebung interessant, bemerkenswert oder schön! (Loben Sie zum Beispiel sein Büro, ein Bild an der Wand, den Blick aus dem Fenster, seine Krawatte, die Urlaubsbräune!) Dies müssen Sie allerdings mit Fingerspitzengefühl tun; denn es muß echt und ehrlich wirken.

Gehen Sie auf das *Kontaktangebot* Ihres Gesprächspartners ein oder stellen Sie selbst den Kontakt her, wenn Ihr Partner mit der Kontaktaufnahme Schwierigkeiten haben sollte:

- Begrüßen Sie Ihren Partner freundlich, und sagen Sie ihm etwas Nettes! Sprechen Sie seinen Namen im Gespräch hin und wieder aus! (Niemand hört in einem persönlichen Gespräch etwas lieber als seinen Namen.)
- Gehen Sie auf sein Angebot (Platz nehmen, Getränke) dankend ein!
- „Öffnen" Sie sich im Gespräch durch Ihren Gesichtsausdruck und Ihre Aufgeschlossenheit! (Machen Sie kein „Pokergesicht", und lassen Sie nicht „die Rolläden" herunter! Wer sich kaum äußert und „zugeknöpft" ist, wird negativ beurteilt.)
- Antworten Sie bereitwillig auf seine Fragen!

Versuchen Sie einen *positiven Eindruck* zu machen:

- Sprechen Sie langsam, deutlich und verständlich!
- Treten Sie ungezwungen und natürlich auf! Übertreiben Sie weder mit Worten noch mit Gesten! Halten Sie sich eher etwas zurück! Zeigen Sie dabei keine Scheu, Unsicherheit oder Verlegenheit! Versuchen Sie, diese gegebenenfalls mit Ruhe und Freundlichkeit zu überspielen!
- Stehen oder sitzen Sie in guter Haltung, aber nicht verkrampft!
- Hören Sie aufmerksam zu (Blickkontakt)! Fragen Sie und bestätigen Sie Ihren Gesprächspartner!
- Zeigen Sie Interesse (an der Person Ihres Gesprächspartners, an der Firma, an der Aufgabe)!

Wenn Sie diese Ratschläge befolgen, müßten Sie eigentlich einen guten ersten Eindruck bei Ihrem Gesprächspartner hinterlassen. Im weiteren Verlauf des Gesprächs müssen Sie dann freilich noch versuchen, diesen guten Eindruck zu erhalten und zu verstärken.

Der (oder die) Gesprächspartner

In kleinen oder mittleren Betrieben, in denen noch der Chef selbst oder der für das Personal zuständige Mitarbeiter die Einstellung vornimmt, hat der Bewerber nur *einen* Gesprächspartner. Da solche Vorstellungsgespräche nicht zu den täglichen Aufgaben des Einstellenden gehören, laufen sie meist auch nicht nach strengen Regeln ab.
Auch in Großbetrieben werden manche Mitarbeitergruppen nur von einem Mitarbeiter des Personalbereichs ausgewählt und eingestellt. Wenn zu den Haupteinstellungsterminen oder zu Saisonbeginn eine große Zahl von Mitarbeitern eingestellt wird, kann dies zur „Massenabfertigung" geraten. Das Vorstellungsgespräch dauert manchmal nur wenige Minuten und beschränkt sich auf einige Routinefragen sowie auf ein paar kurze Informationen über das Unternehmen und über die Arbeitsplätze.
In der Mehrzahl der Fälle begegnen dem Bewerber aber *mindestens zwei* Gesprächspartner. Die erste Station ist meist die Personalabteilung (siehe die Darstellung *„Ablauf eines Einstellungsverfahrens"*). Hier werden – soweit noch notwendig – die Bewer-

bungs- und Personalunterlagen ergänzt und die Vorstellungskosten (Reisekosten, eventuell auch Tagesspesen und Übernachtungskosten) erstattet. Gewinnt der Mitarbeiter – oder Chef – der Personalabteilung während des Vorstellungsgesprächs den Eindruck, daß der Bewerber für die ausgeschriebene Position nicht geeignet ist, stellt er ihn dem nächsten Gesprächspartner gar nicht mehr vor, auch wenn dies eigentlich geplant war. Der Bewerber wird dann mit irgendeiner Erklärung abgespeist und mit einem Dank für sein Erscheinen verabschiedet.

Hat der Bewerber aber die erste Hürde, das Gespräch mit dem „Personalmann", erfolgreich genommen, wird er zu einem zweiten Gespräch gebeten. Dieses führt entweder der Vorgesetzte des Personalmannes oder der künftige Fachvorgesetzte. Das zweite Gespräch hat zwei Ziele: Erstens soll der Fachvorgesetzte die *fachliche Eignung* des Bewerbers prüfen, weil er diese am besten beurteilen kann. Zweitens wird der spätere Vorgesetzte bei der Auswahl eingeschaltet, weil er mit dem Mitarbeiter zusammenarbeiten und zurechtkommen muß. Er kann am besten beurteilen, ob der neue Mann oder die neue Frau auch *in menschlicher Hinsicht* in die Arbeitsgruppe paßt und ob er selbst mit diesem Menschen arbeiten kann und mag. Außerdem kann er den Bewerber am besten über das Arbeitsgebiet und über die Fachabteilung informieren.

Manchmal führen der Personalmitarbeiter und der Fachvorgesetzte *gemeinsam* das Vorstellungsgespräch mit dem Bewerber. Wenn sie sich richtig vorbereitet und abgesprochen haben, übernimmt jeder einen bestimmten Teil: der Personalmann mehr den der Information über das Unternehmen, die Feststellung der persönlichen Eignung und zum Schluß die Vertragsverhandlungen; der Fachvorgesetzte die Information über das Arbeitsgebiet und seinen Zuständigkeitsbereich sowie die Feststellung der fachlichen Eignung.

Wurde das Vorstellungsgespräch von zwei Mitarbeitern des Unternehmens bestritten, dann tauschen diese im Anschluß ihre Eindrücke aus und versuchen, zu einem gemeinsamen Urteil über den Bewerber zu kommen. Die Ergebnisse werden meist schriftlich festgehalten. Haben sie schon mehrere Bewerber kennengelernt, vergleichen sie auch diese noch untereinander und stellen anschließend eine Rangfolge auf. Mit dem „Spitzenkandidaten" versucht man danach handelseinig zu werden.

Wenn sich mehrere Gesprächspartner mit dem Bewerber befassen, hat das für das Unternehmen etliche Vorteile: Jeder Interviewer kann sich auf bestimmte Teile und Inhalte des Gesprächs konzentrieren und auf seinem Fachgebiet sachkundig fragen und antworten. Die Auswahl wird etwas mehr objektiviert, weil die subjektive Einschätzung nur eines Interviewers nicht allein das Ergebnis besagt. *Zwei* Gesprächspartner nehmen in der Regel auch mehr wahr als ein einziger. Wenn beide gemeinsam

Ablauf eines Einstellungsverfahrens
Stelle eines Betriebsingenieurs

Stellenanzeige
(Personalabteilung = PA)
↓
Eingang der Bewerbungen
Zwischenbescheid (PA)
Vorauslese der Bewerbungsunterlagen (PA)
↓ → Absage
Einladung zu Vorstellungsgespräch
(PA)
↓
1. Vorstellungsgespräch
(PA)
↓
2. Vorstellungsgespräch
Fachvorgesetzter (Betriebsleiter)
↓
Abstimmung PA und Fachvorgesetzter
↓ → Absage
Referenzen einholen
↓
Einladung zu weiterem Vorstellungsgespräch
(PA mit zuständigem Ressortleiter)
↓
Vertragsangebot
(PA)

das Gespräch führen, können sie sich ergänzen und einander die Bälle zuspielen. Schließlich wird die Entscheidung von zwei Personen getragen, und es fühlen sich später zwei dafür verantwortlich, daß der neue Mitarbeiter auch erfolgreich in das Unternehmen eingegliedert wird.

Für den Bewerber kann sich die Situation durch zwei Gesprächspartner *erschweren.* Treten die Interviewer nacheinander auf, muß er zu seiner Person, seinem Lebenslauf und seinem beruflichen Werdegang zweimal Stellung nehmen. Manchem Bewerber mag dies lästig sein, zumal er ja in seinen Bewerbungsunterlagen schon einmal alles Wesentliche dargestellt hatte.

Als Bewerber tun Sie aber gut daran, freundlich und geduldig auch *zweimal* alles zu sagen, was Ihre Gesprächspartner über Sie erfahren wollen oder was sie ihrer Meinung nach unbedingt wissen müssen. Achten Sie aber darauf, daß Ihre Aussagen in den verschiedenen Gesprächen nicht voneinander abweichen! Besonders wichtig ist dies, wenn Sie sich zuerst mit dem Personalmann unterhalten haben und dieser dem zweiten Gespräch mit dem Fachvorgesetzten beiwohnt. Voneinander abweichende Aussagen gefährden dann Ihre Glaubwürdigkeit.

Für viele Bewerber ist es ungewohnt und unangenehm, wenn sie sich zwei Gesprächspartnern gegenübersehen. Sie fühlen sich vielleicht „in die Zange genommen" und ihren Gesprächspartnern ausgeliefert. Während der eine spricht, kann der andere in Ruhe beobachten, sich seine Fragen überlegen, Notizen machen und sich im entscheidenden Moment wieder in das Gespräch einschalten. So können die Gesprächspartner abwechselnd kleine Denkpausen einlegen, während der Bewerber *immer* aufmerksam sein muß. Ständig muß er sich auf zwei Personen einstellen und konzentrieren. Wenn diese dann auch noch ein Streßinterview durchführen, hat er sicher keinen leichten Stand. In den meisten Fällen aber werden sich die beiden Gesprächspartner bemühen, eine *entspannte Gesprächsatmosphäre* zu schaffen. Dann kann ein Gespräch mit zwei Personen sogar recht angenehm sein. Wenn Ihnen einer der beiden Partner sympathischer ist oder er freundlicher auf Sie eingeht, können Sie sich immer an diesen halten, wenn Sie wieder etwas Unterstützung oder Auftrieb brauchen. Versuchen Sie aber trotzdem insgesamt, beide Gesprächspartner für sich zu gewinnen!

Wenn einer der beiden Gesprächspartner der Vorgesetzte des anderen oder der Ranghöhere ist, gehen Sie auf diesen etwas mehr ein. Seine Stimme wird bei der Entscheidung für oder gegen Sie mehr Gewicht haben. Versuchen Sie aber trotzdem mit Geschick und Fingerspitzengefühl, bei *beiden* Gesprächspartnern möglichst viele Pluspunkte zu sammeln!

Die Gesprächseröffnung

Bereits im Kapitel *„Der erste Eindruck"* wurde dargestellt, welch entscheidende Rolle die *Signale* spielen, die Menschen gleich zu Beginn ihrer ersten Begegnung aussenden und voneinander empfangen. Zu diesen Signalen gehört auch die Art und Weise, wie Ihr Gesprächspartner das Vorstellungsgespräch eröffnet und wie Sie darauf reagieren.

Bei der *Gesprächseröffnung* tasten sich die Partner zum ersten Mal bewußt ab. Zuvor hatten beide bereits mit den Augen (Aussehen, Auftreten) und vielleicht mit der Nase (Geruch), den Ohren (leise oder laute Schritte, Räuspern, Gruß) und der Hand (weicher, lockerer oder fester Händedruck; warme oder kalte Hand; trockene oder feuchte Handinnenfläche) mehr instinktiv und unbewußt eine Reihe von Signalen ausgetauscht. Dabei haben sie auch schon ein mehr oder weniger gefestigtes Vor-Urteil gefällt.

Die Gesprächseröffnung ist bereits eine Reaktion beider Partner auf die allerersten Signale. Sie hängt davon ab, wie ihr Hirn diese entschlüsselt und zu einem vorläufigen Bild verarbeitet hat. Je positiver dieses Bild bei jedem der Gesprächspartner ausgefallen ist, desto freundlicher und offener gehen sie in der Phase der Gesprächseröffnung aufeinander zu.

Als Eintretender grüßen Sie zuerst und nennen deutlich Ihren Namen, wenn nicht die Sekretärin Sie bereits angekündigt und vorgestellt hat.

Dann eröffnet Ihr Gesprächspartner („Personalmann" oder Fachvorgesetzter) das Vorstellungsgespräch. Er nennt seinen *Namen* und begrüßt Sie.

Versuchen Sie sofort, sich seinen Namen zu merken! Wiederholen Sie ihn zu Beginn des Gesprächs einige Male, bis er sich Ihnen eingeprägt hat! Sollten Sie den Namen nicht sofort verstanden haben, fragen Sie lieber noch einmal, anstatt sich während des Gesprächs mit Verlegenheitsanreden zu behelfen.

Wenn Ihr Gesprächspartner Sie sofort mit Ihrem Namen anspricht, sobald er Sie erblickt, genügt es, wenn Sie freundlich seinen Gruß erwidern. Heute sind die Regeln für eine erste Begegnung und die gegenseitige Vorstellung nicht mehr so streng wie in der Vergangenheit. Mit Freundlichkeit und Charme ist rasch ein erster Kontakt geknüpft. Die *ersten Sätze* des Gesprächs wird im allgemeinen ebenfalls Ihr Gesprächspartner sagen. Sie dienen meist dazu, eine *aufgelockerte Gesprächsatmosphäre* zu schaffen. Deshalb sagt er vielleicht etwas über das Wetter oder sonst etwas Allgemeines. Oder er stellt Fragen – zum Beispiel, wie Ihre Fahrt war, ob Sie die Firma leicht gefunden haben oder wie Sie sich fühlen. Hierauf zu antworten, dürfte Ihnen sicher nicht schwerfallen.

Häufig bedankt sich Ihr Gesprächspartner auch für Ihre Bewerbung, Ihr Interesse am Unternehmen und für das Zustandekommen des Vorstellungsgesprächs. Er versichert die Vertraulichkeit des Gesprächs und begründet die Einladung (zum Beispiel: *„Wir haben Ihre Bewerbungsunterlagen gründlich gelesen und haben den Eindruck gewonnen, daß Sie für uns der geeignete Mitarbeiter sein könnten. Deshalb wollen wir Sie persönlich kennenlernen und uns mit Ihnen ausführlich unterhalten“*). Eventuell sagt er auch, wieviel Zeit er für das Gespräch vorgesehen hat.

Häufig bietet Ihr Gesprächspartner auch etwas zu Trinken an. Gehen Sie bei Kaffee, Tee oder Säften dankend auf sein Angebot ein – (es sei denn, Sie hätten gerade gefrühstückt und deshalb überhaupt keinen Durst)! Lehnen Sie hingegen freundlich ab, falls man Ihnen *alkoholhaltige Getränke* anbieten sollte! Alkoholgenuß paßt nicht zu einer für Sie wichtigen Verhandlung.

Vielleicht bietet Ihnen Ihr Gesprächspartner auch etwas zu *Rauchen* an. Als Nichtraucher haben Sie es leicht. Sie lehnen dankend ab, mit der Begründung, Sie seien Nichtraucher. Ihr Partner wird dies akzeptieren und – je nachdem, ob er ein starker Raucher ist oder nicht – selbst rauchen oder Ihnen den Rauch ersparen.

Als Raucher haben Sie es schwerer, weil Sie sich jetzt entscheiden müssen. Ergreifen Sie lieber nicht sofort jede Gelegenheit zum Rauchen, sondern warten Sie zunächst ab, ob Ihr Rauchen tatsächlich erwünscht oder nur geduldet ist! Ist Ihr Gegenüber nämlich Nichtraucher, sollten Sie es lieber mit Ihrem Qualm verschonen. Ihr Gesprächspartner wird dies sicher positiv werten. Als Raucher wird er aber Verständnis dafür haben, daß Sie gerade in einer solchen Streßsituation dankbar zur Zigarette oder Zigarre greifen. Raucht er selbst mit, ist die Sache unproblematisch. Nichts verbindet schließlich mehr als gemeinsame Interessen und Leidenschaften … Sie liegen dann gleich auf seiner Wellenlänge. Anders sieht es aus, wenn Ihr Partner nicht mitraucht. Dann halten Sie sich lieber auch zurück.

In eine schwierige Situation können Sie auch geraten, wenn Sie als eingefleischter Zigarettenraucher zu einer angebotenen Zigarre greifen. Wenn Sie mit dem guten Stück unsachgemäß umgehen, verspielen Sie sich vielleicht bei einem Zigarrenfachmann jegliche Sympathie. Es soll sogar Verhandlungspartner geben, die ihrem Gegenüber eine Zigarre anbieten, um an dessen Umgang mit dem „verräterischen Stück“ zu erkennen, wie sicher oder unsicher derjenige ist.

Verzichten Sie lieber auf das Rauchen, wenn Sie weit und breit keinen Aschenbecher entdecken können! Dies ist ein ziemlich sicheres Indiz dafür, daß Ihr Gesprächspartner das Rauchen *nicht* schätzt. Sollten Sie sich dennoch – gestreßt wie Sie sind – das Rauchen nicht verkneifen können, bekommen Sie spätestens dann Schwierigkeiten, wenn Sie erstmals Ihre Asche loswerden müssen. Es macht keinen guten Eindruck, wenn Sie dann irgendeinen Gegenstand (und besonders natürlich die Kaffeetasse!) einfach zum „Hilfsaschenbecher" umfunktionieren ...

Noch ein letzter Tip zu diesem Thema: Holen Sie *keinesfalls unaufgefordert* Ihre eigenen Zigaretten hervor, und zünden Sie sich nicht einfach eine Zigarette an! (Auch dann nicht, wenn Sie auf Ihre rhetorische Frage *„Sie gestatten doch, daß ich rauche?"* keinen lauten Protest erhalten.)

Wollen Sie jedoch als Raucher auf keinen Fall in einer Firma arbeiten, in der das Rauchen unerwünscht oder sogar untersagt ist, dann machen Sie beim Vorstellungsgespräch den „Rauchertest". Sie wissen dann wenigstens sofort, woran Sie sind.

(Vielleicht habe ich dem Thema *Rauchen* zuviel Raum gewidmet. Ich will jedoch die Raucher ein wenig problembewußter machen. Die Zahl der Nichtraucher oder Nichtmehrraucher nimmt nämlich – vor allem in den gehobenen Positionen – immer mehr zu. Viele Raucher ahnen gar nicht, wie rasch sie sich mit dem gewohnten Griff zur Zigarette bei ihrem Gegenüber Minuspunkte einhandeln.)

Grundsätzlich wird Ihr Gesprächspartner versuchen, das Gespräch mit freundlichen Worten und Gesten zu eröffnen – wie dies unter kultivierten Menschen üblich ist. Er wird es aber kaum vermeiden können, daß bereits in seiner Begrüßung mitschwingt, was durch den ersten Eindruck an *Gefühlen* in ihm aufgekommen ist. Vielleicht kann er diese Empfindungen gut überspielen. Als geübter Beobachter können Sie aber meist rasch feststellen, wieweit die Freundlichkeit echt oder nur vorgetäuscht ist.

In der Phase der Gesprächseröffnung haben Sie die günstige Gelegenheit, ohne große Mühe weitere Pluspunkte zu sammeln. Da Ihr Partner in seiner Rolle als Hausherr und Gastgeber die Initiative ergreifen muß, brauchen Sie nur *freundlich* zu sein, sich *interessiert* zu zeigen und seine Fragen *aufgeschlossen* zu beantworten.

Sie können aber auch jetzt schon *aus der passiven Rolle heraustreten* und selbst durch Fragen oder Aussagen dem Gespräch eine für Sie günstige Wendung geben. Sagen Sie etwas Lobendes oder Positives! Sie können zum Beispiel für die freundliche Einladung zum Vorstellungsgespräch danken. Oder Sie äußern, daß die Fahrt gut geklappt habe, weil das Unternehmen Ihnen eine günstige Verbindung empfohlen habe, und daß Sie sich leicht zurechtgefunden hätten, weil die Wegbeschreibung sehr anschaulich und präzise gewesen sei. Oder Sie behaupten, daß Ihnen gut gefallen habe, was Sie bisher vom Unternehmen gesehen oder erfahren hätten (Stellenanzeige, bisheriger Schriftverkehr, Gebäude, freundlicher Pförtner, aufmerksame und nette Sekretärin). Vielleicht können Sie auch noch ein

Lob über die Begrüßung und die entspannte Atmosphäre anbringen und irgend etwas *Anerkennendes* über Ihren Gesprächspartner oder seine Umgebung äußern. Oder Sie sagen einfach, daß Sie sich hier wohl fühlen und daß Ihnen die Art der Begegnung gefalle. Wenn Sie hierbei nicht ungeschickt sind, indem Sie zu dick auftragen, müßten Ihre Aussagen dem Gesprächspartner schmeicheln. Beobachten Sie deshalb seine Reaktionen auf Ihre Worte und auf Ihr Verhalten genau, damit Sie je nach der Wirkung dosieren können!

Wenn Sie auf *zwei* Gesprächspartner treffen, ändert sich an der Gesprächseröffnung wenig. Dann wird einer der beiden (meist derjenige, der Sie eingeladen hat) die Vorstellung übernehmen. Während der Gesprächseröffnung werden sich die beiden „die Bälle zuspielen", und der Ranghöhere, der meist auch der Gastgeber ist, wird den Hauptteil bestreiten.

In manchen Fällen kommt Ihr Gesprächspartner nach kurzer Begrüßung und einigen einleitenden Sätzen und Fragen sofort zur Sache. Die Gesprächseröffnung kann sich aber auch zu einem längeren „Plausch" entwickeln, ehe das eigentliche Vorstellungsgespräch in Gang kommt. In jedem Fall läßt sie schon gewisse Schlüsse auf den weiteren Verlauf der Unterredung zu. Die Gesprächspartner wissen (oder glauben zu wissen), wen sie vor sich haben und wie gut sie miteinander sprechen und umgehen können. Die ersten – und oftmals entscheidenden – Weichen für den weiteren Verlauf des Vorstellungsgesprächs sind gestellt.

Das eigentliche Vorstellungsgespräch

Allgemeines

Generell leitet der Interviewer von der Gesprächseröffnung zum *eigentlichen* Vorstellungsgespräch dann über, wenn er glaubt, genug zur Auflockerung der Atmosphäre und zur Entspannung des Bewerbers getan zu haben. Viele Interviewer behalten auch im Vorstellungsgespräch den freundlichen Ton der Gesprächseröffnung bei, so daß das weitere Gespräch in einer harmonischen Stimmung abläuft. Andere Interviewer gehen zu einem recht *sachlichen* Gesprächston über, sobald sie zur Sache kommen. Einige verfallen sogar in einen inquisitorischen Gesprächsstil, weil sie glauben, nur auf diese Weise zu erfahren, ob sich der Bewerber für die angebotene Stelle eignet. Sie führen – absichtlich oder unabsichtlich – ein *Streßinterview* (siehe auch das so überschriebene Kapitel) durch. Die Mehrzahl der Vorstellungsgespräche liegt im Bereich freundlich-sachlicher Gesprächsführung. Dabei hängen die Atmosphäre und die Stimmung zum Teil vom Interviewer und von den Themen ab, die gerade besprochen werden, zum Teil bestimmt aber auch der Bewerber den Gesprächston mit. Zu jedem Gespräch gehören schließlich (mindestens) zwei Partner. Sie beide sind mit ihren Fragen und Antworten, ihrem Agieren und Reagieren, kurzum mit der Art, wie sie mit dem Gesprächspartner umgehen, für den Verlauf und damit auch für das Ergebnis des Gesprächs verantwortlich.

Versuchen Sie deshalb als Bewerber das Gespräch so zu beeinflussen, daß es in *Ihrem* Sinne gut verläuft!

Im Vorstellungsgespräch hat der *Interviewer* folgende Ziele:

- das Unternehmen und sich selbst möglichst gut darzustellen und den Bewerber für die Stelle zu gewinnen;
- herauszufinden, was für ein Mensch der Bewerber ist, ob er persönlich und fachlich für die Position geeignet ist und ob er in das Unternehmen und in die Arbeitsgruppe paßt;
- eine gute Entscheidung zu treffen, indem er den richtigen neuen Mitarbeiter findet, und nicht dafür getadelt zu werden, daß er den Falschen eingestellt hat;
- (in der Mehrzahl der Fälle) den Bewerber nicht zu enttäuschen und ihm nicht weh zu tun.

Geübte Interviewer legen einen inhaltlich und zeitlich gegliederten *Ablaufplan* für das Vorstellungsgespräch fest.

Sie führen ein *strukturiertes Interview* durch, und manche gehen dabei sogar nach einem *Fragebogen* oder einer *Checkliste* vor. Einige haben die Fragen im Kopf und prägen sich die Antworten des Bewerbers ein. Andere werfen hin und wieder einen Blick auf ihre Unterlagen oder lesen die Fragen sogar vom Blatt ab. Viele haben auch die Bewerbungsunterlagen und den Personalfragebogen vor sich, blättern gelegentlich in ihnen herum und stellen danach ihre Fragen.

Lassen Sie sich als Bewerber von so viel profihaftem Vorgehen nicht beeindrucken oder gar einschüchtern! Niemand hindert *Sie* daran, sich ebenfalls so sorgfältig vorzubereiten und gegebenenfalls *Ihre* Checkliste zu benutzen.

Ein gut vorbereiteter und erfahrener Interviewer erreicht im allgemeinen alle seine Ziele. Andere vergessen über dem Bemühen, das Unternehmen, die Aufgaben und sich selbst gut darzustellen, das mindestens genauso wichtige Ziel, die *persönliche und fachliche Eignung* des Bewerbers „abzuklopfen". Am Ende des Interviews weiß dann der Bewerber viel oder alles über die Firma und den Arbeitsplatz, der Interviewer aber nur sehr wenig über den Bewerber. Seine Entscheidung hängt dann unter Umständen von Äußerlichkeiten und Zufällen und von der „Papierform" des Bewerbers – das heißt: von den eingereichten Bewerbungsunterlagen – ab.

Als Bewerber tun Sie sich in einem Vorstellungsgespräch, in dem fast nur der Interviewer spricht, leicht. Sie werden nicht echt gefordert. Vor allem bohrt niemand in Ihren wunden Stellen herum. Sie haben allerdings auch keine Chance, Ihre Qualifikation nachzuweisen. Vielleicht bekommen Sie (sogar unverdientermaßen) die Position. Es bleibt aber das Gefühl, nicht recht zu wissen, warum gerade Sie ausgewählt wurden.

Der *Bewerber* verfolgt diese Ziele:

- sich selbst möglichst geschickt darzustellen, einen möglichst guten Eindruck zu hinterlassen, kurzum: sich gut „zu verkaufen";
- herauszufinden, was man von ihm fordert und wie er sich darstellen muß, um die Position zu bekommen;
- herauszufinden, was dies für ein Unternehmen ist, welcher Geist dort herrscht und wie die angebotene Position sowie seine Chancen im Unternehmen tatsächlich sind;
- entweder die Position zu bekommen oder möglichst elegant den Rückzug anzutreten, wenn ihm das Angebot nicht gefällt.

Ein Bewerber erreicht im allgemeinen sein Ziel nur, wenn er das Vorstellungsgespräch *aktiv* mitgestaltet. In der Rolle des höflich-zurückhaltenden Zuhörers erfährt er zwar eine Menge; er verpaßt aber die Chance, sich selbst gut darzustellen und dem Gespräch eine Richtung zu geben, die in seinem Sinne liegt. Außerdem bekommt er nur diejenigen Informationen, die ihm seine Gesprächspartner gewissermaßen freiwillig geben.

Wenn beide Verhandlungspartner konsequent ihre Ziele verfolgen und auch dem jeweils anderen in fairer Weise die gleichen Möglichkeiten einräumen, müßten beide eigentlich die gleichen *Gesprächsanteile* haben. Die Wirklichkeit sieht aber häufig anders aus. Anstelle einer Aufteilung von 50 : 50 bestreitet der Interviewer fast immer den Hauptteil der Redezeit; ein Verhältnis von 60 : 40 kann deshalb schon als normal gelten. Da der Interviewer meist auch aus einer Vorgesetztenrolle heraus agiert, kommt er häufig auf Anteile von 70, 80 oder 90 Prozent.

Lassen Sie sich als Bewerber nicht so stark in die Zuhörerrolle drängen! Wenn Sie selbst zu wenig gesprochen haben, kann sich der Interviewer am Ende des Vorstellungsgesprächs (und erst recht einige Zeit später, wenn die Entscheidung fällt!) an zu wenig erinnern. Sie bleiben für ihn blaß und uninteressant. Im Vergleich zu den Mitbewerbern schneiden Sie dann schlecht ab. Vergessen Sie deshalb für die Dauer des Vorstellungsgesprächs das Sprichwort *„Reden ist Silber, Schweigen ist Gold!“*

Für *Ablauf* und *Inhalt* des Vorstellungsgesprächs gibt es keine festen Regeln. Der Inhalt richtet sich im allgemeinen nach den Zielen des Interviewers und – soweit der Bewerber das Gespräch mitsteuert – auch nach dessen Zielen.

Da der Interviewer – natürlich – die Gesprächseröffnung übernimmt, bestreitet er meist auch den ersten Teil des Vorstellungsgesprächs.

Die *Reihenfolge* der einzelnen Gesprächsabschnitte ist häufig so:

Fragen zur Person des Bewerbers
↓
Fragen zur Qualifikation des Bewerbers
↓
Darstellung des Unternehmens
↓
Darstellung der Position und der Aufgaben innerhalb eines größeren Zusammenhangs
↓
Erörterung der Gehaltsvorstellungen
↓
Darstellung der sonstigen und der sozialen Leistungen
↓
Vertragsverhandlungen

oder so:

Fragen zur Person des Bewerbers (Elternhaus – Familienleben und soziale Situation – derzeitige finanzielle Lage – Gesundheit – Vorstrafen)

↓

Fragen zum Bildungsgang (Schulbildung – Fach- und Hochschulausbildung – Berufsausbildung – Weiterbildung)

↓

Berufserfahrung und berufliche Entwicklung (Darstellung der einzelnen Stationen in den verschiedenen Unternehmen – persönliche Entwicklung/ Karriere – besondere Kenntnisse, Fähigkeiten, Fertigkeiten und Erfahrungen – Vorstellungen für die Zukunft)

↓

Darstellung des Unternehmens (Größe, Bedeutung, Geschichte – Hauptbetätigungsgebiete – Zukunftsaussichten)

↓

Darstellung der Aufgaben (Stellen- oder Aufgabenbeschreibung – Einordnung in größeren Zusammenhang – hierarchische Einstufung)

↓

Erörterung der Gehaltsvorstellungen (Erwartungen des Bewerbers – Angebot des Unternehmens)

↓

Darstellung der sonstigen und sozialen Leistungen des Unternehmens (vgl. das Kapitel „Die Gehaltsfrage")

↓

Vertragsverhandlungen

Zu den beiden hier dargestellten Abfolgen eines Vorstellungsgesprächs gibt es in der Praxis viele *Varianten.* Oft nimmt ein Vorstellungsgespräch auch plötzlich eine Wendung, die vom vorher geplanten Ablauf stark abweicht. Dies kommt insbesondere dann vor, wenn das Interview nicht stark strukturiert ist und der Interviewer sich von seiner Intuition leiten läßt. Auch wenn der Bewerber erfolgreich in die Gesprächsführung eingreift, kann das Gespräch andere Schwerpunkte bekommen als dies vom Unternehmen her eigentlich gedacht war.

Anhand einer anderen, ebenfalls häufigen Reihenfolge wollen wir jetzt einmal ein Vorstellungsgespräch abhandeln.

Die Darstellung des Unternehmens

Viele Interviewer beginnen mit der *Darstellung des Unternehmens und der Position,* weil sie über die „Aufwärmphase" hinaus den Bewerber noch weiterhin beruhigen und entspannen wollen. In vielen Fällen folgen sie aber auch nur ihrem Selbstdarstellungsdrang.

Hören Sie als Bewerber aber nicht die ganze Zeit schweigend zu, sondern zeigen Sie zumindest *aufmerksames Interesse!* Bestätigen Sie Ihren Gesprächspartner durch Blickkontakt, freundliches Lächeln, Kopfnicken und bekräftigende Einwürfe und Ergänzungen! Hier zahlt es sich für Sie aus, wenn Sie sich vorher *Informationen* über das Unternehmen beschafft haben und diese in das Gespräch einstreuen können. (Siehe auch das Kapitel *„Wie beschaffen Sie sich als Bewerber Informationen über das Unternehmen?"*)

Nutzen Sie aber jetzt auch die Gelegenheit, zusätzliche für Sie und Ihre Entscheidung wichtige Informationen zu erlangen!

Manche Interviewer leiten die Phase der Information über das Unternehmen mit Fragen ein wie *„Was wissen Sie über unser Unternehmen?"* oder *„Worauf beruht Ihr Interesse, in unserem Unternehmen zu arbeiten?"*

Wenn Sie jetzt passen müssen, obwohl es möglich gewesen wäre, vorher an einige Informationen heranzukommen, haben Sie bereits etliche Minuspunkte kassiert.

Hatten Sie keine Möglichkeit, sich irgendwelche Informationen über das Unternehmen zu beschaffen, so sollten Sie diese Phase dennoch nicht schweigend über sich ergehen lassen. Vielleicht kennen Sie zumindest die Branche, oder Sie wissen etwas über benachbarte Branchen (Zulieferer oder Abnehmer).

Möglicherweise haben Sie einige Informationen über Konkurrenten. Steuern Sie aus diesen Bereichen etwas zum Gespräch bei! Und wenn Sie nicht gerade Berufsanfänger sind, können Sie auch etwas aus Ihren früheren Tätigkeiten anführen. Wichtig ist vor allem, daß Sie auch zu diesem Thema *Beiträge* liefern.

Die Darstellung der Position

Sobald Ihr Gesprächspartner die zu besetzende Position beschreibt, beginnt eine Gesprächsphase, in der Sie ganz besonders wach und aufmerksam sein müssen. Zum einen wollen Sie ja wissen, ob es für Sie tatsächlich interessant und richtig ist, zu wechseln und die neue Stelle anzustreben. Zum anderen müssen Sie, wenn dies die richtige Stelle für Sie sein sollte, herausfinden, was von

Ihnen erwartet wird, was ein Wechsel also mit sich bringen würde.
Aus der Darstellung der Position entwickeln Sie die Argumente für Ihre *Selbstdarstellung.* Wenn Sie zum Beispiel erfahren, daß die Stelle insbesondere selbständiges Arbeiten, Analysieren von Umsatz- und Marktdaten sowie das Zusammenstellen von Berichten für die Geschäftsleitung verlangt, dann müssen Sie entweder sofort oder später bei der Darstellung Ihrer beruflichen Erfahrungen und Kenntnisse darlegen, daß gerade *hier* Ihre Stärken liegen. Am wirkungsvollsten und glaubhaftesten tun Sie dies, indem Sie Beispiele aus Ihren früheren Tätigkeiten anführen. Da Ihr Gesprächspartner das Unternehmen und vor allem die Position „schmackhaft machen" will, neigt er im allgemeinen dazu, die Verhältnisse besonders vorteilhaft darzustellen. Er schildert die Vielfalt der Aufgaben, die Bedeutung der Position und die Entwicklungsmöglichkeiten in einem strahlenden Licht. Mancher Bewerber, der unkritisch alles für bare Münze nimmt, ist später bitter enttäuscht, wenn sich die Wirklichkeit nur als schwache Kopie des gezeichneten Bildes erweist.
Hinterfragen Sie deshalb die Aussagen. Lassen Sie sich Zahlen, Größen, Tatsachen nennen! Wenn Sie auf diesem Fachgebiet zu Hause sind, dürfte es Ihnen nicht schwerfallen, die richtigen Fragen zu stellen und die Antworten entsprechend zu werten. Ist das Gebiet für Sie Neuland, bitten Sie um konkrete Angaben und lassen Sie sich nicht mit allgemeinen Phrasen, schönen Worten und Versprechungen abspeisen!
Ebenso kritisch sollten Sie in bezug auf die Bezeichnung und die hierarchische Einordnung der Stelle sein. Was steckt zum Beispiel hinter den Begriffen *„Sachbearbeiter"*, *„Berater"*, *„Chefsekretärin"* oder *„Leiter von ..."*? Lassen Sie sich deshalb Ihre Stellen- oder Aufgabenbeschreibung zeigen! In gut organisierten Unternehmen gibt es solche Beschreibungen für (fast) alle Positionen.
Einer *Stellenbeschreibung* können Sie mehr oder weniger detailliert die Aufgaben des Stelleninhabers, den Rahmen seiner Befugnisse und den Umfang seiner Verantwortung entnehmen. Achten Sie vor allem darauf, daß Ihre Befugnisse auch ausreichen, um die gestellten Aufgaben erfüllen zu können!
Ferner gibt eine Stellenbeschreibung die Über- und Unterstellungsverhältnisse an. Sie können erkennen, wer Ihr Chef ist und wer (ggf.) Ihnen unterstellt ist.
Sollte es für Ihre Stelle *keine* Stellen- oder Aufgabenbeschreibung geben, bitten Sie darum, daß man Ihre Aufgaben so genau wie möglich schildert! Machen Sie sich im Gespräch *Notizen!* Oder äußern Sie den Wunsch, daß man Ihnen eine schriftliche Zusammenstellung der Aufgaben nach Hause schickt! Lassen Sie sich außerdem einen *Organisationsplan* (ein sogenanntes *Organigramm*) des Unternehmens zeigen! Ihm können sie – falls Ihre Position wichtig genug ist – Ihre eigene Eingliederung in

die betriebliche Hierarchie entnehmen. Zumindest vermögen Sie zu erkennen, wo Ihr künftiger Chef angesiedelt ist. Das zeigt Ihnen jedenfalls, wie das Unternehmen die Bedeutung der Abteilung oder des Bereichs einschätzt, in dem Sie mitarbeiten wollen. Sollte Ihr Gesprächspartner keinen Organisationsplan haben, müßte er zumindest in der Lage sein, einen solchen Plan aufzuzeichnen. Achten Sie darauf, in welchem Ressort oder Unternehmensteil Ihre Stelle und die Ihres Gesprächspartners angesiedelt sind und wie viele Ebenen es darüber und darunter gibt! Solange Ihr Gesprächspartner das Unternehmen und die Stelle darstellt, sind Sie in einer günstigen Gesprächsposition. Ihr Gesprächspartner muß Argumente liefern und Tatsachen auf den Tisch legen. Sie können fragen, und der andere muß antworten. Von der *Qualität Ihrer Fragen* hängt weitgehend ab, wie viele und wie genaue Informationen Sie erhalten. Bedenken Sie: Wer fragt, geht in Führung!

Hinweise dazu, *welche* Fragen Sie dazu stellen können, finden Sie in dem Kapitel *„Welche Fragen kann der Bewerber stellen?“*.

Die persönliche Situation des Bewerbers

Normalerweise haben Sie mit Ihren Bewerbungsunterlagen einen *Lebenslauf mit beruflichem Werdegang* abgeliefert und außerdem vielleicht auch einen *Personalfragebogen* ausgefüllt. Ihr Gesprächspartner müßte somit über Ihre persönliche Situation genau unterrichtet sein – es sei denn, Sie hätten unvollständige oder unklare Angaben gemacht. Dennoch müssen Sie damit rechnen, daß der Interviewer noch einmal von Ihnen Ihren Lebenslauf vorgetragen haben will. Wenn Sie als Berufsanfänger nur wenig über Ihren beruflichen Weg zu berichten haben, versuchen Sie, durch eine lebendige und logische Darstellung Ihres Lebenslaufs und Ihrer persönlichen Entwicklung bis zum heutigen Tag Interesse für sich zu wecken und sich im besten Licht zu präsentieren. Je mehr Lebensjahre und damit *Lebens- und Berufserfahrung* Sie aufweisen können, desto kürzer können Sie sich mit der Darstellung Ihres Lebenslaufs fassen, und desto mehr sollten Sie sich statt dessen auf die Erläuterung Ihres beruflichen Werdegangs konzentrieren.

Im allgemeinen interessieren den Interviewer an der persönlichen Situation des Bewerbers weniger die exakten Daten – diese sind ja schließlich auch den Bewerbungsunterlagen zu entnehmen – als vielmehr das, was der Bewerber aus diesen Gegebenheiten *gemacht* hat. Hieraus versucht der Interviewer Rückschlüsse auf den *Charakter* und das *Verhalten* des Bewerbers zu ziehen. Entsprechend seinen Erfahrungen, seinem eigenen Menschenbild, allgemeinen Anschauungen und vielleicht auch psychologischen Erkenntnissen macht sich der Interviewer ein Bild vom Bewerber. Sein Ziel ist es zu erkennen, ob der Bewerber von seiner Veranlagung her den Aufgaben gewachsen ist.

Berichten Sie bereits von sich aus interessant und ausführlich, so stellt der Interviewer vielleicht nur einige ergänzende Fragen. Falls er Zweifel hat oder *Unklarheiten* sieht, bohrt er weiter nach. Dies dürfte er vor allem dann tun, wenn bereits in Ihrem Lebenslauf Lükken und Ungereimtheiten zu erkennen waren und wenn zwischen Ihren Angaben in den Unterlagen und Ihren Aussagen im Vorstellungsgespräch Widersprüche erkennbar sind.

Viele Interviewer ersparen Ihnen auch die mündliche Wiederholung des Lebenslaufs. Sie fragen gezielt, was sie *zusätzlich* noch wissen wollen.

Manche Interviewer haben einen bestimmten *Katalog von Fragen,* die sie jedem Bewerber stellen. Andere lassen sich von den Bewerbungsunterlagen inspirieren und stellen entweder *Zusatzfragen* zu Informationen, die sie dort bereits gefunden haben, oder sie bohren mit Fragen nach, wo sie Lücken vermuten oder entdeckt haben.

Als Bewerber müssen Sie mit folgenden Fragen zu Ihrer *persönlichen Situation* rechnen:

Elternhaus

(Diese Fragen werden vor allem jüngeren Bewerbern gestellt.)

- Leben Ihr Vater und Ihre Mutter noch? (Hier versucht der Interviewer vielleicht zu erfahren, wie Ihr Verhältnis zu Ihren Eltern ist, ob es eine enge oder lose Bindung ist.)
- Wohnen Sie noch bei Ihren Eltern? Unterstützen Sie sie?
- Wie viele Brüder oder Schwestern haben Sie?
- Wie viele sind älter oder jünger als Sie?
- Wie groß sind die Altersunterschiede bei den Geschwistern?
- Wer zog Sie auf? (Hier möchte der Interviewer herausfinden, ob es in Ihrem Elternhaus ein harmonisches Familienleben gab, ob Sie als Einzelkind oder im Kreis von Geschwistern aufwuchsen, ob Sie als der/die „Große“ aufwuchsen und für jüngere Geschwister Vorbild waren oder als der/die „Kleine“ wohlbehütet oder überbeschützt heranwuchsen.)
- Welchen Beruf (und eventuell auch: welchen Durchschnittsverdienst) hatte Ihr Vater, als Sie zur Schule gingen? (Hier interessieren das (Bildungs-)Niveau des Elternhauses und die finanziellen Bedingungen. Welche Bildung bringen Sie von zu Hause mit? Sind Sie ein gesellschaftlicher Aufsteiger? Wurden Sie zum Sparen erzogen?)
- Mußten Sie Ihre Familie früh unterstützen? (Trug diese Erfahrung zur Stärkung Ihres Verantwortungsgefühls und zur Entwicklung Ihres Charakters bei?)

■ Wie verbrachten Sie Ihre Freizeit nach der Schule und an den Wochenenden? (Sind Sie eher aktiv oder passiv? Entwickelten Sie Einsatzbereitschaft und Verantwortung?)

■ Zu welchen Gruppen gehörten Sie als Junge/Mädchen? Waren Sie zum Beispiel Pfadfinder oder Sportler? (Waren Sie Einzelgänger oder kamen Sie gut mit anderen zurecht?)

■ In welchem Alter waren Sie finanziell selbständig? In welchem Alter verließen Sie Ihr Elternhaus? (Wurde Ihnen über Schwierigkeiten immer hinweggeholfen? Wie selbständig waren/sind Sie?)

Oft können Sie an der Art der Fragen und an den Stellungnahmen des Interviewers erkennen, welche Antworten er positiv wertet. Dann nutzen Sie die Chance, ihm zu einem günstigen Bild über Sie zu verhelfen. Sie können zwar an bestimmten Tatsachen, die nicht selten negativ beurteilt werden, nichts ändern (zum Beispiel: Einzelkind), können aber für Sie vorteilhafte Erklärungen liefern (zum Beispiel: großzügiges Elternhaus, daher immer viele Freunde gehabt und mit nach Hause gebracht; schon im Kindergarten und in der Schule gern in Gruppen gespielt; oft Anführer der Gruppen gewesen; Mannschaftssportarten betrieben).

Familienleben und soziale Situation

■ Leben Sie ledig, verheiratet, geschieden, getrennt? Leben Sie mit Ihrer Frau/Ihrem Mann zusammen? (Hieraus zieht der Interviewer eventuell Rückschlüsse auf Ihre berufliche Mobilität, möglicherweise auch auf Ihre Verträglichkeit, Ihren Familiensinn oder Ihre finanzielle Situation.)

■ Wie viele Kinder haben Sie? Wie alt sind Ihre Kinder? Welche Pläne haben Sie für Ihre Kinder? Haben Sie noch weitere Angehörige zu versorgen? (Wie ist Ihr Familienleben? Wie ist Ihre finanzielle Situation? Welche Schulen besuchen Ihre Kinder – und könnte es Probleme bei einem Wohnortwechsel geben? Bilden die Unterhaltsberechtigten eine ausreichende Motivation für beruflichen Einsatz und höheren Verdienst?)

■ Arbeitet Ihre Frau/Ihr Mann auch? In welchem Umfang trägt sie/er zum Familieneinkommen bei? (Hoher oder kaum ins Gewicht fallender Anteil? Ständige oder nur vorübergehende Mitarbeit?)

■ Wie steht Ihre Frau/Ihr Mann zu Ihrem Beruf? (Kann wichtig sein bei Schichtarbeit, wechselnden Arbeitszeiten, Reisetätigkeit, häufiger Abwesenheit. Nimmt sie/er offensichtlich eine positive oder eher eine negative Haltung zu dieser Tätigkeit ein? Wie aufrichtig ist die Antwort?)

■ Wie steht Ihre Frau/Ihr Mann zu Ihrem Stellenwechsel? Würde sie/er einen damit verbundenen Umzug akzeptieren? (Wie groß ist die Mobilität? Gibt es hier vielleicht Schwierigkeiten?)

■ Was tun Sie in Ihrer Freizeit? (Sind dies Einzel- oder Gruppenaktivitäten? Profitieren Sie bei Ihrer Arbeit von Ihren Hobbies, oder stehen diese möglicherweise Ihren Leistungen im Wege?)

■ In welchem Umfang sind Sie und Ihre Frau/Ihr Mann gesellschaftlich oder politisch tätig? (Verfügen Sie über besondere Kontakte?)

Derzeitige finanzielle Lage

■ Wo wohnen Sie: im eigenen Haus, zur Miete, bei Freunden oder bei den Eltern?

■ Müssen Sie Hypotheken und Darlehen abzahlen? (Stehen die Verschuldung und die Zahlungen in einem angemessenen Verhältnis zum derzeitigen oder künftigen Einkommen? Haben Sie Sorgen, die Ihren Arbeitseinsatz beeinträchtigen könnten? Könnten Sie, zum Beispiel als Kassierer/-in, in Versuchung geraten, einen Diebstahl zu begehen?)

■ Was kostet Sie Ihrer Schätzung nach Ihr monatlicher Unterhalt? (Sind Sie finanziell verantwortungsbewußt?)

■ Tragen Sie zum Unterhalt Ihrer Eltern, sonstiger Verwandter oder anderer bei? (Wie ist Ihre finanzielle Anspannung? Zeigen Sie Hilfsbereitschaft und soziales Engagement?)

■ Haben Sie weitere Einkommensquellen? (Mindern vielleicht andere Einkünfte Ihre Motivation, sich im Unternehmen voll einzusetzen?)

■ Schränken möglicherweise Nebentätigkeiten Ihren vollen Einsatz für das Unternehmen ein? (Sind Sie finanziell unabhängig – und damit selbstsicher?)

Gesundheit

■ Welche schweren Krankheiten, Operationen oder Unfälle hatten Sie als Kind und in den letzten Jahren? (Können Sie die Aufgaben gesundheitlich bewältigen? Besteht die Gefahr häufiger Krankheiten und Ausfälle?)

■ Sind Sie schwerbeschädigt? (Bestehen Einschränkungen beim Einsatz? Kündigungsschutz?)

■ Dürfen Sie irgendwelche Tätigkeiten aus gesundheitlichen Gründen nicht ausüben? (Bestehen Einschränkungen beim Einsatz? Wo liegen gesundheitliche Risiken?)

■ Sind Sie bereit, sich auf unsere Kosten medizinisch untersuchen zu lassen? (Hiermit kann der Interviewer unangenehme Fragen zum Gesundheitszustand oder zu einer möglichen Schwangerschaft umgehen.)

Vorstrafen

■ Bitte haben Sie Verständnis, wenn ich Sie frage, ob Sie schon einmal polizeilich festgenommen worden sind. Wenn ja: Unter welcher Anklage wurden Sie festgenommen?

■ Wurde Ihnen schon einmal der Führerschein entzogen? (Dies sollte eigentlich nur gefragt werden, wenn der Besitz eines Führerscheins für die Tätigkeit notwendig ist.)

■ Haben Sie Verkehrsunfälle verursacht? Wenn ja: welche?

■ Sind Sie bereit, uns ein polizeiliches Führungszeugnis vorzulegen? (Hiermit kann der Interviewer peinlichen Fragen zu Vorstrafen aus dem Wege gehen.

Viele Unternehmen umgehen mit der Anforderung eines polizeilichen Führungszeugnisses die Fragen nach Vorstrafen und erhalten damit zugleich eine amtliche Bestätigung der bisherigen Unbescholtenheit beziehungsweise gegebenenfalls der Bescholtenheit des Bewerbers.)

Das Erfragen der persönlichen Situation des Bewerbers erfordert vom Interviewer *Takt* und *Fingerspitzengefühl.* Die Interviewer entledigen sich dieser Aufgabe naturgemäß mit unterschiedlichem Geschick.

Als Bewerber können Sie hier Pluspunkte sammeln, wenn Sie *offen* und *glaubwürdig* antworten. Wenn Ihnen manche Fragen zu indiskret sind, ist es Ihr gutes Recht, die Antwort zu verweigern. Sagen Sie dann in höflicher und bestimmter Form, warum Sie nicht bereit sind zu antworten! Sie können sich auch geschickt aus der Affäre ziehen, indem Sie Fragen überhören und an frühere Fragen anknüpfen oder indem Sie die Fragen in Ihrem Sinne umformulieren. (Siehe auch das Kapitel *„Das Fragerecht des künftigen Arbeitgebers und die Auskunftspflicht des Bewerbers“*.)

Bildungsgang

Die meisten Interviewer bitten die Bewerber, noch einmal ihren *Bildungsgang* zu schildern, obwohl auch dieser bereits aus den Bewerbungsunterlagen ersichtlich ist. Meist wollen sie damit den Bewerbern die Gelegenheit geben, in der persönlichen Schilderung irgendwelche Akzente zu setzen oder Ergänzungen anzubringen.

Für Sie als Bewerber ist es weniger sinnvoll, noch einmal die Daten des Lebenslaufs zu wiederholen, die Ihren Bildungsweg betreffen. Sie sollten vielmehr auf bestimmte Ereignisse oder Ergebnisse eingehen. So können Sie zum Beispiel die Dauer Ihres Grundschul- oder Hauptschulbesuchs oder die Schuljahre bis zur mittleren Reife beziehungsweise zum Abitur vernachlässigen. Erwähnen Sie nur die erfolgreich bestandenen *Prüfungen* und *Abschlüsse* und was Sie damit angefangen haben: also zum Beispiel den qualifizierten Hauptschulabschluß, anschließend die berufliche Qualifizierung mit staatlicher Prüfung und mittlerer Reife an einer Berufsfachschule und die Erlangung des Fachabiturs an einer Fachoberschule.

Vor allem ist es für den Interviewer interessant zu erfahren, wie Sie zu den Bildungsabschlüssen gekommen sind, die *mehr* als den üblichen Energieaufwand erforderten. Hierzu zählen die Qualifikation über den „zweiten Bildungsweg“, berufsbegleitende Bildungsmaßnahmen, Abendkurse, Fernstudium und ähnliches. Im allgemeinen werden solche Leistungen besonders anerkannt, weil sie erkennen lassen, daß sich der Bewerber besonders engagiert und sich auch Widerständen zum Trotz durchgesetzt hat. Hieraus folgert ein Interviewer, daß er auch in der Firma zu einem intensiven Einsatz bereit und wahrscheinlich auch *aufstiegsorientiert* ist.

Zum Gebiet der *schulischen Ausbildung* müssen Sie mit solchen Fragen rechnen:

- Warum haben Sie Ihre Schulausbildung mit der Hauptschule/Realschule/Gymnasium beendet und nicht fortgeführt? (Führen Sie plausible Gründe an, oder bringen Sie Ausreden und Ausflüchte?)
- In welchen Schulfächern haben Sie regelmäßig überdurchschnittliche Leistungen erzielt? (Wo liegen Ihre Stärken, Begabungen, Neigungen?)
- Welche Unterrichtsfächer fielen Ihnen am schwersten? (Wo liegen die Schwächen? Wie begründen Sie diese Schwächen? Geben Sie anderen die Schuld oder sich selbst?)
- Warum haben Sie statt der üblichen ... Jahre bis zum ... abschluß ... Jahre gebraucht? (Sind Sie sitzengeblieben, waren Sie krank, wurden Sie zurückgestellt? Auf welchen Gebieten und warum hatten Sie Schwierigkeiten?)

Antworten Sie als Bewerber *ehrlich* oder zumindest *glaubhaft!* Es ist durchaus keine Schande, in der Schule nicht in allen Fächern „Spitze“ gewesen zu sein. Ihre Interviewer hatten wahrscheinlich auch den einen oder anderen Schwachpunkt. Vielleicht hatten sie sogar die gleichen Stärken und Schwächen. So etwas verbindet, schafft Sympathie und trägt Ihren sogar Pluspunkte ein. Wertvoller als das Superzeugnis eines Musterschülers sind Noten und Abschlüsse, die hart erarbeitet und trotz Schwierigkeiten, Widerständen und ungünstigen Umständen erreicht wurden.

Glaubhafte – und meistens auch anerkannte – Gründe für *schlechte* schulische Ergebnisse und die Wiederholung von Schuljahren sind:

- Berufliche Wechsel des Vaters und damit verbundene Orts- und Schulwechsel (Wer kennt keine Leidtragenden und Opfer unseres föderalistischen Schulsystems?)
- Eigene lange Krankheit, Unfall, Operation; Schicksalsschläge in der Familie (Tod eines Elternteils, Scheidung der Eltern, lange Arbeitsunfähigkeit oder Arbeitslosigkeit des Vaters)
- Einseitige Begabung (Der Bewerber war zum Beispiel in Sprachen ausgezeichnet, in naturwissenschaftlichen Fächern dagegen schwach; daher Wiederholung oder vorzeitiges Verlassen der Schule.)
- Probleme mit bestimmten Lehrern (Vorsicht! Traten diese Schwierigkeiten immer wieder auf, schließt der Interviewer daraus, daß der Bewerber wohl ein „schwieriger“ Mensch ist.)
- Pubertätsschwierigkeiten (Diese müssen allerdings nach einiger Zeit wieder verschwunden sein!)
- Eine Phase der Schul- und Lernmüdigkeit (Allerdings sollte später der

Knoten geplatzt, sollten die schulischen Leistungen wieder besser geworden sein.)

Vor allem die Bedeutung der Schulnoten, aber auch die der schulischen Abschlüsse nimmt im Laufe des Berufslebens ab. Nur bei der Auswahl von Berufsanfängern sind sie mangels anderer Qualifikationen noch Hauptauswahlkriterien. Man glaubt zum Beispiel, daß jemand mit guten Zeugnissen begabt und fleißig sei und folgert daraus, daß er dies auch im Beruf sein werde. Aus den Noten für „Fleiß- und Lernfächer" (zum Beispiel Geschichte, Erdkunde und Biologie) schließt man auf Fleiß und Ausdauer, aus den Noten für „Begabungsfächer" (etwa Mathematik, Physik und Sprachen) auf bestimmte Begabungen und damit auf entsprechende Einsatzmöglichkeiten im Unternehmen.

Hier soll die Problematik und *Fragwürdigkeit* der schulischen Notengebung nicht erörtert werden. Solange es aber Schulnoten gibt, wird es auch Menschen geben, die aus diesen ihre Rückschlüsse auf den Besitzer der Zeugnisse ziehen. Und dieser wird sich Begründungen zurechtlegen (müssen), wie manche nicht so guten Noten zustande kamen und warum er nicht richtig beurteilt wurde.

Das *Abitur* und mehr noch *Fachhochschul-* und *Hochschulabschlüsse* stehen hierzulande immer noch hoch im Kurs; *akademische Grade* gelten für viele als besonderer Qualifikationsnachweis. Solche Abschlüsse brauchen Sie nicht zu verstecken. Stellen Sie sie aber auch nicht besonders heraus, wenn Sie im Gespräch erkennen, daß Ihr Gesprächspartner keine entsprechenden Bildungsgänge absolviert hat. In manchem steckt nämlich zeitlebens ein Stachel, weil er bestimmte Bildungsgänge *nicht* geschafft hat.

Je länger ein Mensch im Berufsleben steht, desto mehr gelten seine beruflichen Leistungen und Qualifikationen. Anerkennung verdienen dann nicht mehr irgendwann einmal erfolgreich bestandene Examina, sondern das, was man aus seinem „Startkapital" und seinen Fähigkeiten gemacht hat.

Zur *Fachschul-, Fachhochschul-* oder *Hochschulausbildung* können Ihnen solche Fragen gestellt werden:

- Wo und wie lange haben Sie studiert? (Eine hohe Semesterzahl läßt durchaus nicht immer auf Fleiß schließen!)
- Welches waren Ihre Schwerpunktfächer? (Aus der Fächerkombination kann man Interessenschwerpunkte und Neigungen erkennen und in beschränktem Umfang auch Rückschlüsse auf berufliche Eignung ziehen.)
- Warum haben Sie die Hochschule … mal gewechselt?
- Warum haben Sie immer in … studiert? (Sowohl häufiger Wechsel als auch ständiges Bleiben an einem Hochschulort können negativ/positiv gesehen werden. Es kommt unter anderem darauf an, wie Sie dies begründen.)
- Warum haben Sie das Studienfach gewechselt?

- Warum haben Sie Ihr Studium abgebrochen? (Ein Wechsel des Studienfachs ist meist leicht zu begründen, insbesondere wenn das zweite Studium erfolgreich abgeschlossen wurde; die Begründung eines Abbruchs ist immer eine unangenehme und schwierige Angelegenheit.)
- Wie lautet das Thema Ihrer Examens-, Diplom- oder Doktorarbeit? (Viele Prüfungsarbeiten haben keinen oder nur einen geringen Praxisbezug. Versuchen Sie dennoch zu begründen, was Ihnen die Beschäftigung mit diesem Thema an neuen Erkenntnissen gebracht hat!)

Je nach Fachrichtung spielen die Wahl der Hochschule, der Studienfächer und Schwerpunkte, der Name von Professoren und das Thema der Examens- oder Doktorarbeit eine sehr unterschiedliche Rolle. In der Regel kann nur ein *Fachmann* der *gleichen* Richtung beurteilen, inwieweit diese Einzelheiten sowie die Studienergebnisse eine unmittelbare Bedeutung für das Unternehmen haben. Für eine große Zahl wissenschaftlicher Berufe und für Berufe, die eine wissenschaftliche Qualifikation verlangen, ist ein Studium jedoch die einzige Form der Berufsausbildung und Berufsvorbereitung. In solchen Fällen können Berufsanfänger auch nur an ihren *Studienleistungen* gemessen werden. An denjenigen jedoch, der sich im Beruf bereits bewährt hat, wird im Vorstellungsgespräch kaum noch die Elle seiner Studienergebnisse angelegt.

Die *Berufsausbildung* ist – zumindest für die ersten Berufsjahre – sicher wichtiger als die vorausgegangene schulische Ausbildung. Dennoch gehen Interviewer auf diese erste Phase im Berufsleben des Bewerbers nicht sehr intensiv ein. Ihnen genügt es zu wissen, welche Art von Ausbildung der Bewerber durchlaufen hat (zum Beispiel Verkäuferin im Textileinzelhandel, Industriekaufmann, Elektrogerätemechaniker). Sie kennen offenbar die jeweiligen *Berufsbilder* und gehen davon aus, daß die dort angeführten Kenntnisse und Fertigkeiten während der Ausbildung auch vermittelt wurden. Die Berufsschulnoten und das Ergebnis der Prüfung vor der Industrie- und Handelskammer beziehungsweise der Handwerkskammer reichen ihnen als Beweis der Berufsbefähigung aus. Der gute Ruf eines Ausbildungsbetriebs unterstützt diesen Nachweis noch.
Fragen zur *Berufsausbildung* werden noch am ehesten Berufsanfängern gestellt. Hier findet der Interviewer – abgesehen von der Schulausbildung – die besten Ansatzpunkte für das Gespräch. Als Bewerber können Sie mit solchen Fragen rechnen:

- Welche Gebiete Ihrer Berufsausbildung haben Ihnen besonders gelegen? Welche Gebiete Ihrer Berufsausbildung haben Ihnen weniger Freude gemacht? (Wo liegen die Eignung und die Neigungen des Bewerbers, wo seine Stärken und Schwächen?)
- Warum haben Sie Ihren Ausbildungsberuf gewechselt? Warum haben Sie

Ihre Berufsausbildung abgebrochen? (Falsch gewählter Beruf? Persönliche Schwierigkeiten? Kein Durchhaltevermögen?)

- Würden Sie, wenn Sie heute zu entscheiden hätten, wieder die Ausbildung zum … wählen? (Glaubt der Bewerber, den richtigen Beruf gewählt zu haben? Ist er in seinem Beruf zufrieden?)

Haben Sie eine *zweite Berufsausbildung* oder eine *Umschulung* absolviert, müssen Sie damit rechnen, nach den Gründen befragt zu werden. Nennen Sie die wahren Gründe, aber formulieren Sie so, daß Ihr Gesprächspartner Ihre Initiative und Aktivität positiv bewerten kann.

Es ist längst allgemeine Auffassung, daß einmaliges Lernen am Berufsanfang nicht mehr ausreicht, um das gesamte Berufsleben erfolgreich zu bestehen. *Ständiges Weiterlernen* ist notwendig und wird in den meisten Unternehmen auch gefordert und gefördert. Da sich die Technik und das Fachwissen in Produktion, Verwaltung, Verkauf und im Dienstleistungsbereich ständig ändern und weiterentwickeln, ist das Lernen ein Teil des täglichen Arbeitsprozesses. Darüber hinaus ist *zusätzliche Weiterbildung* notwendig, insbesondere für diejenigen, die beruflich weiterkommen und aufsteigen wollen. Deshalb ist es für die Unternehmen wichtig zu wissen, ob und wieweit ein neuer Mitarbeiter bereit und fähig ist, sich weiterzubilden. Hier haken fast alle Interviewer mit Fragen nach:

- Welche Pläne haben Sie für Ihre Weiterbildung? (Warten Sie, bis Sie angestoßen werden, oder entwickeln Sie selbst Initiative?)
- Haben Sie neben Ihrer beruflichen Tätigkeit an irgendeiner Ausbildung oder Schulung teilgenommen? (Inner- oder außerbetriebliche Maßnahmen? Auf eigene Initiative oder auf Anregung der Firma?)
- Welche Fachgebiete bevorzugen Sie bei Ihrer Weiterbildung? (Verbesserung und Erweiterung vorhandener Kenntnisse oder neue Sachgebiete? Anpassungs- oder Aufstiegsweiterbildung?)
- Haben Sie noch weitere Arten der Weiterbildung betrieben? (Kenntnisse und Fertigkeiten, die in der derzeitigen Position nicht genutzt werden konnten? Sind diese für die neue Firma interessant?)
- Nehmen Sie zur Zeit an irgendeiner Weiterbildung teil? (Sind Sie jetzt aktiv, oder ruhen Sie sich auf Ihren Lorbeeren aus?)
- Welche Gründe gibt es dafür, daß Sie neben Ihrer beruflichen Tätigkeit keine Weiterbildung absolviert haben? (Gründe oder Ausreden? Fehlendes Interesse oder fehlende Gelegenheiten?)
- Würden Sie gern auf irgendeinem Wissensgebiet noch etwas hinzulernen? Wenn ja, auf welchem? (Realist oder Phantast? Vielseitiges oder begrenztes Interesse? Wie motiviert sind Sie? Anpassung und Absicherung oder Bereitschaft dazu, Neues zu lernen? Zögernde Antwort? Etwa keine Weiterbildungswünsche?)

Aus Ihren Antworten auf die Fragen zur Weiterbildung leitet Ihr Gesprächspartner Ihr berufliches Interesse, Ihre Initiative, Ihren Fleiß und Ihr *Aufstiegsstreben* ab. Es wäre deshalb sehr gut, wenn Sie *bisher* schon einiges für Ihre Weiterbildung getan hätten. Stellen Sie Ihr Licht hier nicht unter den Scheffel, und zählen Sie auf, was Sie hierfür tun, zum Beispiel auch das Lesen von Fachzeitschriften! Haben Sie auf dem Gebiet der Weiterbildung wenig oder gar nichts unternommen, dann legen Sie sich gute Begründungen zurecht! Lassen Sie sich aber auch etwas dazu einfallen, was Sie *künftig* für Ihre Weiterbildung tun wollen. Fragen Sie zugleich aber auch, wie das Unternehmen zur Weiterbildung seiner Mitarbeiter steht und welche Möglichkeiten es innerbetrieblich und außerbetrieblich bietet.

In hohem Maße wird die Entscheidung für oder gegen einen Bewerber nach seinen fachlichen Fähigkeiten und seiner beruflichen Eignung getroffen. Diese versucht der Interviewer aus den *bisherigen Tätigkeiten* und der *beruflichen Entwicklung* abzuleiten. Sie können deshalb davon ausgehen, daß Ihre Bewerbungsunterlagen besonders gründlich unter diesen Gesichtspunkten analysiert werden. Da die Bewerbungsunterlagen im allgemeinen nur wenig über die genaue Art und vor allem die *Qualität* Ihrer Tätigkeiten aussagen, achtet der Auswerter mehr auf eine *folgerichtige* Entwicklung der beruflichen Laufbahn, auf die Kontinuität und Ausdauer der Berufsausübung und auf Sprünge, Knicke oder Lücken in der Berufsentwicklung. Er stellt deshalb im einzelnen fest, ob Sie

- die gleiche Tätigkeit bei einem Arbeitgeber ausgeübt haben;
- die gleiche Tätigkeit bei verschiedenen Arbeitgebern ausgeübt haben;
- verschiedene Tätigkeiten bei einem Arbeitgeber ausgeübt haben;
- verschiedene Tätigkeiten bei verschiedenen Arbeitgebern ausgeübt haben;
- einen Positionsaufstieg innerhalb eines Fachgebiets bei einem Arbeitgeber geschafft haben;
- einen Positionsaufstieg innerhalb eines Fachgebiets bei verschiedenen Arbeitgebern geschafft haben;
- einen Positionsaufstieg durch Wechsel des Fachgebiets bei einem oder bei verschiedenen Arbeitgebern geschafft haben.

Er bewertet auch die *Dauer der Zugehörigkeit* zu den einzelnen Unternehmen. Eine lange Betriebszugehörigkeit muß nicht immer ein Zeichen von Charakterstärke, Ausdauer und Zuverlässigkeit sein. Sie kann auch manchmal ein Ausdruck geringer Beweglichkeit, Initiative oder Risikobereitschaft sein. Ein häufiger Wechsel ist umgekehrt nicht immer der Hinweis auf Unzuverlässigkeit, geringe Ausdauer und Charakterschwäche, sondern kann – vor allem, wenn er am Anfang der beruflichen Laufbahn gezielt vollzogen wurde – durchaus ein Zeichen für den planvollen Aufbau einer Karriere sein.

Schließlich können auch Einflüsse vom *Arbeitsmarkt* her – wie Zeiten hoher Arbeitslosigkeit oder großer Nachfrage nach bestimmten Berufsgruppen – bewirken, daß Mitarbeiter selten oder häufig wechseln. Ferner können Gründe für einen Wechsel ausschlaggebend sein, die nicht in der Person des Bewerbers liegen – wie Entlassung wegen Betriebsstillegung, Firmenzusammenschlüssen, Rationalisierungsmaßnahmen oder Auftragsrückgang.

Jeder Stellenwechsel verlangt die *Eingewöhnung* in eine neue Arbeitswelt mit all ihren Risiken, die Umstellung auf andere Menschen und das Hineinfinden in vorhandene Gruppen. Er bedeutet auch erhebliche Opfer für die Familie vom Umzug über den Schulwechsel der Kinder bis zum Aufbau eines neuen Bekanntenkreises. Viele Unternehmen glauben deshalb, daß Mitarbeiter, die ihre Stelle wechseln, belastbarer, beweglicher und vielseitiger einsetzbar seien als seßhafte Mitarbeiter. Da es immer schwerer wird, Mitarbeiter an andere Orte oder gar ins Ausland zu versetzen, auch wenn damit ein Aufstieg verbunden ist, steigen wechselwillige Mitarbeiter wieder mehr im Kurs.

Bei der Bewertung der Betriebszugehörigkeit und der Wechselhäufigkeit muß der Interviewer das Alter und die privaten Verhältnisse des Bewerbers sowie eine Reihe von Umweltfaktoren berücksichtigen. Da die Gründe für den *Stellenwechsel* selten vollständig aus den Bewerbungsunterlagen ersichtlich sind, wird er vielleicht fragen:

- Warum haben Sie bisher Ihre Stellung nie gewechselt?
- Warum haben Sie bisher so oft Ihren Arbeitgeber gewechselt?
- Welche Vorteile erhofften Sie sich von Ihrem letzten Stellenwechsel?
- Haben sich Ihre Erwartungen erfüllt oder nicht erfüllt?
- Welche Vorteile erhoffen Sie sich von einem erneuten Stellenwechsel?
- Welches waren für Ihre bisherige berufliche Entwicklung die entscheidenden Stellenwechsel?
- Haben Sie die Erfahrung gemacht, daß man seine Stelle wechseln muß, um finanziell und im Hinblick auf die Karriere vorwärts zu kommen?
- Könnten Sie in Ihrer jetzigen Stellung (nicht) vorwärtskommen? Worin sehen Sie die Gründe?
- Können bei Ihrem jetzigen Arbeitgeber die Mitarbeiter auf eigenen Wunsch auch innerbetrieblich die Tätigkeit oder die Abteilung wechseln?
- Warum wollen Sie von Ihrem derzeitigen Arbeitgeber fort?
- Was erwarten Sie von einem neuen Arbeitgeber/von uns, damit ein erneuter Stellenwechsel für Sie nicht mehr in Frage kommt?
- Warum haben Sie so häufig Ihre Tätigkeiten gewechselt?
- Warum haben Sie die Position … bei der Firma … aufgegeben und statt dessen die Position … bei der Firma … angenommen?
- Welche Entwicklung brachte der Wechsel von der Firma … zur Firma … für Sie mit sich?

Bisherige Tätigkeiten

Steht der Bewerber erst kurze Zeit im Berufsleben, kann sich der Interviewer beschreiben lassen, welches die *bisherigen Hauptaufgaben* waren und wie diese Tätigkeiten ausgeführt wurden. Bei Bewerbern mit vieljähriger Berufstätigkeit wird sich der Interviewer darauf beschränken, sich Informationen über die Tätigkeiten beim *letzten* Arbeitgeber geben zu lassen. Zusätzlich kann er sich über besonders interessante Teilgebiete früherer Arbeitsverhältnisse berichten lassen.

Der Interviewer kann den Bewerber zum Beispiel auf folgende Weise zum Erzählen auffordern:

„Berichten Sie doch bitte, welches Ihre Hauptaufgaben bei der Firma ... waren und wie Sie diese erledigt haben!"

In diesem Fall überläßt er es dem Bewerber, die Schwerpunkte zu setzen und seine Tätigkeit in einer günstigen Rangfolge darzustellen.

Der Interviewer kann aber auch den Rahmen des Berichts etwas enger vorgeben und so fragen:

„Erzählen Sie mir bitte etwas über Ihr Aufgabengebiet bei der Firma ...! Wie ist dort Ihr Arbeitstag im allgemeinen abgelaufen?"

Auch hier bleibt es dem Bewerber noch weitgehend überlassen, einen „Musterarbeitstag" zu schildern.

Der Interviewer kann andererseits gezielt fragen, wie der Bewerber ganz bestimmte Aufgaben erledigt oder wie er in konkreten Situationen gehandelt habe. Ein geduldiger Interviewer hört dem Bewerber interessiert zu, ohne ihn zu unterbrechen. Er stellt höchstens einmal eine Verständnisfrage. Nach dem Bericht hakt er mit Fragen nach, wenn ihn bestimmte Einzelheiten besonders interessieren, wenn ihm etwas unklar blieb, wenn er Zweifel hat, wenn er Ungereimtheiten oder Übertreibungen entdeckt oder wenn ihm Widersprüche zu in den Bewerbungsunterlagen enthaltenen Aussagen auffallen.

Während der Schilderung des Bewerbers versucht der Interviewer, neben den fachlichen Inhalten auch noch herauszuhören:

- Hat der Bewerber selbständig oder nur auf Anweisung gearbeitet?
- Wie hat er seine Arbeit organisiert?
- War er bei der Erfüllung seiner Aufgaben auf enge Zusammenarbeit mit anderen angewiesen?
- Hat er ganz auf sich gestellt gearbeitet? (Läßt dies eventuell auf eine Außenseiterposition schließen?)
- Berichtet er auch über Fehler, die er selbst gemacht hat? (Wem gibt er dabei die Schuld?)
- Schildert er lange und ausführlich frühere Erfolge oder erwähnt er sie nur nebenbei und kommt sehr schnell auf die Aufgaben und Ziele zu sprechen, die er sich für die Zukunft gesetzt hat? (Ist er also vergangenheits- oder zukunftsorientiert?)

■ Wie berichtet er über seine bisherige Firma, die Geschäftsleitung, den unmittelbaren Vorgesetzten, seine Kollegen? (Kritisiert er überwiegend oder lobt er das jeweilige persönliche Verhältnis und die Zusammenarbeit?)

Mit diesen Beobachtungen rundet sich allmählich das Bild, das er über den Bewerber gewinnt, ab. Mit weiteren Fragen kann er sich zusätzlich Klarheit verschaffen. Viele Interviewer gehen noch einen Schritt weiter und bringen den Bewerber dahin, sich selbst einzuschätzen. Dann vergleichen sie ihr Bild mit dem *Selbstbild* des Bewerbers. Welche Folgerungen sie aus Übereinstimmungen oder Abweichungen ziehen, bleibt allerdings meist ihr Geheimnis.

Wie ein Interviewer *gleichzeitig* über die fachlichen und menschlichen *Qualifikationen* und die *Selbsteinschätzung* eines Bewerbers Aufschluß gewinnen kann, zeigt das folgende Beispiel der Befragung eines Verkäufers im Außendienst:

■ In welchen Ihrer Eigenschaften und Verhaltensweisen liegen Ihre Stärken als Verkäufer im Außendienst? (Sichere oder unsichere Antwort? Glaubwürdiges Selbstvertrauen? Starkes Eigenlob? Selbstüberschätzung?)

■ Wo liegen Ihrer Meinung nach Ihre verkäuferischen Schwachpunkte? (Klare oder unklare Antwort? Erkennbare Selbstkritik? Deutliche Selbstüberschätzung?)

■ Was kennzeichnet Ihrer Meinung nach heute den erfolgreichen Verkäufer im Außendienst? (Reines Umsatzdenken? Renditedenken? Einsatzfreude, Fleiß, Systematik? Verhandlungsgeschick? Kommunikations- und Interaktionsfähigkeit?)

■ Wie ist Ihre Einstellung zur Verkaufs- und Tourenplanung? (Zustimmung oder Ablehnung? Durchdachte Stellungnahme? Überbetonung der nicht planbaren Faktoren?)

■ Was halten Sie von der Verkaufspsychologie? (Bevorzugung von Theorie oder Praxis? Vernünftige Einstellung oder deutliche Vorurteile?)

■ Welche verkaufspsychologischen Techniken wenden Sie von Fall zu Fall an? (Diese Frage sichert die vorangegangene ab. – Stand des verkäuferischen Wissens? Überzeugende Beispiele? Ausreden? Keine Beispiele?)

■ Was halten Sie von Verkaufstraining? Wann haben Sie zuletzt an einem solchen Training teilgenommen? (Bereitschaft zur Weiterbildung? Vorurteile: *„Alles Theorie!"*? Fehlanzeige?)

■ Welche Fachzeitschriften lesen Sie? Welche Fachbücher haben Sie in letzter Zeit gelesen? (Schnelle Antwort – positives Ergebnis? Längeres Nachdenken? Fehlanzeige?)

■ Im Außendienst haben Sie es mit sehr unterschiedlichen Kunden zu tun. Welche sind Ihnen am angenehmsten? (Kunden- und Menschenkenntnis? Neigung, „schwierigen" Kunden aus dem Weg zu gehen?)

■ Welche Unterstützung erwarten Sie von uns für Ihre Verhandlungen mit Kunden? (Problembewußtsein? Kenntnis des Marktes und bestimmter Kundengruppen? Keine Vorstellungen?)

Der Interviewer kann auch auf eine weitere Art die Eignung des Bewerbers testen. Er *schildert* einen betrieblichen *Sachverhalt,* einen praktischen Fall oder eine Aufgabe und fragt den Bewerber, wie er handeln oder entscheiden würde. Aus der Art, wie der Kandidat die Sache angeht, kann er Rückschlüsse auf die Arbeitsweise, den Ideenreichtum, die Fachkenntnis, die Selbständigkeit und auf vieles andere ziehen.

- Kann der Bewerber mit dem Sachverhalt überhaupt etwas anfangen?
- Stellt er weitere Fragen zur Informationsbeschaffung, oder gibt er sich mit den Angaben zufrieden?
- Überlegt der Bewerber gründlich, oder gibt er vorschnelle Antworten?
- Bietet er herkömmliche oder originelle Lösungen an?
- Versucht er, dem Interviewer eine Lösung zu entlocken, und stimmt er dieser dann zu ? Redet er dem Interviewer nach dem Mund?

Im Verlauf des Vorstellungsgesprächs verdichtet sich beim Interviewer das Urteil über den Bewerber: *„geeignet“* oder *„nicht geeignet“*. Bisweilen liegt diese Einschätzung bereits vom ersten Eindruck an ziemlich fest; manchmal dauert es auch einige Stunden, bis sich der Interviewer in seinem Urteil sicher ist. Das Urteil *„nicht geeignet“* ist indes meist schneller gefällt als das Urteil *„geeignet“*.

Irgendwann geht selbst das ausführlichste Vorstellungsgespräch seinem Ende entgegen. Jetzt gibt der Interviewer dem Bewerber in der Regel noch einmal die Gelegenheit, Fragen zu stellen:
„Ich danke Ihnen für Ihre Bereitschaft, über sich Auskunft zu geben. Sie haben eine Menge Einzelheiten berichtet. Auch ich habe Ihnen einiges über unsere Firma und über die angebotene Stelle erzählt. Sicher haben Sie aber noch eine Reihe von Fragen. Bitte sagen Sie mir, was Sie von uns noch wissen wollen!“

Auf eine solche Aufforderung hin sollte ein aufgeschlossener Bewerber eigentlich sinngemäß antworten:
„Ich hätte noch eine Vielzahl von Fragen, die aber zu sehr ins Detail führen. Vielleicht noch drei Einzelfragen ... “

Es wäre an dieser Stelle genauso verkehrt, viele Fragen zu stellen wie zu schweigen. Das meiste müssen Sie bereits zu den einzelnen Punkten des Vorstellungsgesprächs, insbesondere während der Präsentation des Unternehmens und der Erläuterung des Aufgabengebietes, gefragt haben. Einige *wichtige Fragen* am Ende des Gesprächs zeigen aber, daß Sie bis zuletzt voll aufmerksam waren. Außerdem bleiben während eines solchen Interviews fast immer einige Punkte offen. Jetzt haben Sie die letzte Gelegenheit, hierauf Antworten zu bekommen.
Wenn das eigentliche Vorstellungsgespräch zu Ende ist, leitet der Interviewer in die Phase der *Vertragsverhandlungen*

über. Jetzt fallen weitere wichtige Vorentscheidungen dafür, ob die beiden Parteien miteinander handelseinig werden.
Vielleicht verabschiedet an dieser Stelle des Gesprächs der Interviewer den Bewerber auch mit einem freundlichen Dank für sein Erscheinen und das interessante Gespräch. Nur selten sagt er allerdings dem Bewerber ganz freimütig, daß er *nicht* für die Stelle geeignet sei. Meist bekommt der Bewerber die Zusicherung mit auf den Heimweg, er werde in Kürze weitere Nachricht erhalten. Zunächst wolle man auch noch die anderen Kandidaten kennenlernen.
Sollten Sie einmal in einem Vorstellungsgespräch nicht bis zu den Verhandlungen über das Gehalt und die sonstigen Leistungen vordringen, dann machen Sie sich keine großen Hoffnungen, die Stelle zu bekommen! Sie haben nur dann noch eine Chance, wenn die nach Ihnen antretenden Mitbewerber *noch* weniger den Erwartungen des Stellenanbieters entsprechen oder wenn ein in dessen Wunschliste vor Ihnen plazierter Kandidat den Posten nicht annimmt.

Das Gruppengespräch

Die meisten Vorstellungsgespräche werden als Einzelgespräche durchgeführt. Einem Bewerber sitzen ein oder zwei Gesprächspartner gegenüber. Diese traditionellen Vorstellungsgespräche sind für Sie als Bewerber die angenehmere und – wenn Sie sich bereits öfter beworben haben – zumindest die gewohnte Form der Vorstellung.
Die Vorteile der üblichen Vorstellungsgespräche liegen für Sie darin, daß Sie sich nur auf Ihre Gesprächspartner einstellen müssen. Wenn Sie sich geschickt anstellen, gut formulieren und sich so darstellen, wie sich Ihre Gesprächspartner den neuen Mitarbeiter vorstellen, können Sie in einem solchen Gespräch durchaus überzeugend wirken und Ihr Gegenüber für sich gewinnen.
Die mit der Auswahl beauftragten Fachleute des Unternehmens stehen nach einer Reihe solcher Vorstellungsgespräche oft vor der Schwierigkeit, ähnlich gute Bewerber, die sie einzeln nacheinander erlebt haben, aus der Erinnerung heraus vergleichen und den am besten geeigneten benennen zu müssen. Hinzu kommt das Problem, daß sie die Bewerber nur im Zweier- oder Dreiergespräch kennengelernt haben und dazu noch in

einer Situation, in der sie sich bemühten, sich von ihrer besten Seite zu zeigen. Aus einer solchen Ausnahmesituation lassen sich keine Rückschlüsse ziehen, wie sich der Bewerber beispielsweise in einer Gruppe oder gegenüber Kollegen, Mitarbeitern, Kunden oder Konkurrenten verhalten würde.
Manche Unternehmen laden deshalb die Bewerber zu einem Gruppengespräch ein. Ein solches Gespräch soll in der Regel die Einzelgespräche ergänzen und nicht ersetzen und findet deshalb – je nach Zielsetzung – davor oder danach statt.
Gruppengespräche werden nur durchgeführt, wenn die Unternehmen glauben, den Bewerbern die Begegnung mit ihren Mitbewerbern zumuten zu können, und wenn sie keine Probleme darin sehen, daß die Bewerber sich gegenseitig kennenlernen. Deshalb lädt man in erster Linie Berufsanfänger, Nachwuchskräfte und Mitarbeitergruppen, deren Tätigkeit Kontaktfreudigkeit verlangt, zu Gruppengesprächen ein, wie

- zukünftige Auszubildende
- Praktikanten
- Hochschulabsolventen
- zukünftige Trainees
- Führungsnachwuchskräfte
- Außendienstmitarbeiter

„Gestandenen" und qualifizierten Mitarbeitern und Führungskräften bleiben Gruppengespräche meist erspart.
Fairerweise sollte den Bewerbern bereits im Einladungsschreiben mitgeteilt werden, welche Art von Vorstellungsgespräch Ihnen bevorsteht, damit sie sich innerlich auf diese Situation einstellen oder aber dankend ablehnen können.
Die wichtigsten Zielsetzungen für Gruppengespräche können sein:

- die Bewerber über das Unternehmen, den Arbeitsplatz und die Aufgabenstellung zu informieren;
- alle Bewerber gleichzeitig in einer Gruppensituation beobachten und damit beurteilen zu können;
- das gegenseitige Kennenlernen der Bewerber zu ermöglichen.

Natürlich dient das Gruppengespräch auch der Rationalisierung. Das Unternehmen lädt nach einer Vorauswahl alle geeignet erscheinenden Bewerber gleichzeitig ein und erspart sich die Zeit und die Mühe, jeden einzelnen ausführlich informieren zu müssen. Es wird erwartet, daß auch die Bewerber selbst Fragen stellen und so einen großen Teil ihres Informationsbedarfs abdecken. Anschließend findet mit jedem Bewerber noch ein Einzelgespräch statt, in dem man – wie in den üblichen Vorstellungsgesprächen – individuelle Fragen bespricht und die Bedingungen einer eventuellen Zusammenarbeit klärt.
Erhalten Sie eine Einladung zu einer solchen Veranstaltung, sollten Sie sich genauso gründlich vorbereiten wie für ein Einzelvorstellungsgespräch. Versuchen Sie bereits während der Informationsphase die anwesenden Unternehmensvertreter durch freundlichen Blickkontakt, interessierte Fragen und weiterführende Beiträge positiv auf

sich aufmerksam zu machen. Vornehme Zurückhaltung und höfliches Schweigen werden von den Beobachtern eher negativ bewertet. Wenn Sie schon in der Gruppenveranstaltung einen guten Eindruck gemacht haben, gehen Sie mit einem Vorsprung vor Ihren Mitbewerbern in das Einzelgespräch.

Die „echten" Gruppengespräche gehen sehr viel weiter und haben eine andere Zielsetzung. Hier will das Unternehmen beobachten, wie sich die Bewerber in einer Gruppensituation verhalten. Es gibt mehrere Grundformen für solche Gruppengespräche:

- Ein Gesprächsleiter oder Moderator gibt ein Thema vor und steuert – mehr oder weniger stark – das Gespräch. Diese Form wird vor allem bei noch wenig diskussionserfahrenen Teilnehmern (zum Beispiel bei Auszubildenden) gewählt.
- Die Gruppe bekommt eine Aufgabe oder ein Thema gestellt. Dabei ist meist weniger die Lösung oder das Ergebnis wichtig als die Art der Zusammenarbeit oder der Auseinandersetzung. Wie die Gruppe sich strukturiert und wie sie vorgeht, bleibt ihr überlassen. Der oder die Beobachter halten sich mit Worten, Hinweisen und Hilfen zurück und beschränken sich weitgehend auf ihre Beobachterrolle.
- Die Gruppe wird völlig sich selbst überlassen (Themenfindung, Leitung, Vorgehensweise, Ergebnis). Die Beobachter bleiben unbeteiligt und achten nur darauf, wie sich die einzelnen Bewerber verhalten und was sich gruppendynamisch abspielt. Diese Form verunsichert die Teilnehmer am meisten und ist daher für sie am unangenehmsten. Sie ermöglicht es geübten Beobachtern, besonders aufschlußreiche Feststellungen zu machen.

Bei *Informationsgesprächen* spielt die Gruppengröße keine entscheidende Rolle. *Gesprächsgruppen* bestehen in der Regel aus vier bis acht Teilnehmern (in kleineren Gruppen fehlt der Gruppeneffekt, und in größeren Gruppen kommen die einzelnen Teilnehmer zuwenig zu Wort).

Während der Gruppengespräche beobachten die Vertreter des Unternehmens in erster Linie das sogenannte Sozialverhalten. Je nachdem, ob sie zukünftige Auszubildende, Außendienstler oder Führungskräfte auswählen, achten sie zum Beispiel darauf,

- wie und wie oft die einzelnen Bewerber sich an der Diskussion beteiligen;
- ob sie eine Führungsrolle übernehmen, gute „Zuarbeiter" oder eher still-passive Beobachter sind;
- ob sie konstruktive oder destruktive Beiträge leisten;
- ob sie dominieren oder sich anderen unterordnen;
- wie sie andere Teilnehmer einbeziehen und aktivieren und eventuell sogar unterstützen;
- wie sie sich durchsetzen (dank guter Argumente und Beiträge, dank besonderer persönlicher oder fachlicher Autorität oder indem sie die anderen „niedermachen" oder ihnen ins Wort fallen);

- ob sie sich selbst und ihre Ideen „verkaufen“ können;
- wie die anderen Teilnehmer auf sie reagieren.

Ihr Ziel in einem Gruppengespräch ist es, auf die Beobachter einen positiven Eindruck zu machen und dadurch Pluspunkte zu sammeln. Dies erreichen Sie am besten, wenn Sie sich – möglichst ohne Hemmungen – aktiv am Gespräch beteiligen. Hierzu einige Tips:

- Beteiligen Sie sich von Anfang an.
- Sprechen Sie laut und deutlich.
- Blicken Sie die anderen Gesprächsteilnehmer freundlich an (auch wenn diese Ihre Konkurrenten sind).
- Achten Sie nicht auf die Beobachter; das lenkt Sie nur vom für Sie wichtigen Gespräch ab.
- Steuern Sie das Gespräch, indem Sie Fragen stellen, (Zwischen-) Ergebnisse zusammenfassen, Ergebnisse in Stichworten niederschreiben (wenn Hilfsmittel wie Flip-Chart, Projektor oder ähnliches vorhanden sind);
- Übernehmen Sie eine Moderatorenrolle, wenn das Gespräch ins Stocken gerät.
- Bringen Sie auch andere, zurückhaltendere Teilnehmer durch direktes Ansprechen (*Was meinen Sie dazu? Worin liegen Ihrer Meinung nach die Gründe für … ?*) zum Reden.
- Bleiben Sie ruhig und sachlich, falls es im Gespräch einmal hoch hergehen sollte.
- Fallen Sie anderen nicht ins Wort (es sei denn, diese ließen Sie nicht zu Wort kommen).

Ein Gruppengespräch hat für Sie auch einige wesentliche Vorteile. Sie lernen Ihre Mitbewerber kennen und erleben, wie gut oder weniger gut sich diese in Szene setzen. Sie können Ihr eigenes Verhalten und Vorgehen entsprechend ausrichten. Je mehr es Ihnen gelingt, sich aktiv in das Gespräch einzubringen, ohne die anderen an die Wand zu spielen, desto eher müßten Sie ein solches Gespräch erfolgreich durchstehen.

Das Assessment-Center

Das aufwendigste Verfahren, Bewerber auszuwählen, ist das Assessment-Center. Es wird sowohl bei internen als auch bei externen Bewerbern eingesetzt. Da ein Assessment-Center anderthalb bis zwei Tage dauert und mehrere Beobachter erforderlich sind (auf zwei Teilnehmer kommt ein Beobachter), greift man zu dieser effizientesten Methode in der Regel nur bei der Auswahl qualifizierter (Führungs-)Nachwuchskräfte. Sie ist vor allem auch dann geeignet, wenn mehrere gleichwertige Stellen oder Positionen zu besetzen sind (zum Beispiel Trainees, Führungsnachwuchskräfte, Außendienstmitarbeiter).

Ziel und Zweck eines Assessment-Centers ist es, mehrere Kandidaten (acht bis zwölf) gleichzeitig in verschiedenen, praxisnahen Situationen durch mehrere Beobachter beobachten zu lassen. Aus der Summe aller Eindrücke wird ein Gutachten (Prognose) über die zukünftige Bewährung in der vorgesehenen Position erstellt.

Die Basis für ein Assessment-Center sind Stellenbeschreibungen und daraus entwickelte Anforderungsprofile der zu besetzenden Stelle. Mit Blick auf die Stelle und ihre Anforderungen werden einzelne Übungen entwickelt, in denen die Kandidaten ein bestimmtes Verhalten zeigen und ihre Stärken und Schwächen offenbaren sollen.

Die Anforderungskriterien können sein

- *im Bereich Arbeitsverhalten:* Planung und Organisation; Arbeitstempo und Arbeitsmenge; Zusammenarbeit; Entscheidungsverhalten; Lernfähigkeit usw.
- *im Bereich Führungsverhalten:* Überzeugungskraft; Durchsetzungsvermögen; Kooperationsbereitschaft; Teamfähigkeit; Motivationsfähigkeit; Einfühlungsvermögen usw.
- *im Bereich intellektuelle Fähigkeiten:* strategisches Denken, Planen und Handeln; analytisches Denken; komplexes, vernetztes Denken; Flexibilität; Kreativität usw.

Ein Assessment-Center setzt sich aus mehreren Bausteinen zusammen. Die gebräuchlichsten sind:

- *Fallstudien:* Ein Problem oder eine Fragestellung wird in Einzelarbeit schriftlich behandelt.
Bei der Auswertung zieht man dann je nach Themenstellung Rückschlüsse auf die Analysefähigkeit, auf konzeptionelle Fähigkeiten, Kreativität, Problemlösungsverhalten, Konfliktverhalten und Sprachfähigkeit.
- *Postkorbübungen:* Ein sogenannter Postkorb enthält etwa 20 bis 40 für die künftige Stelle typische Schriftstücke. Diese beziehen sich auf wichtige und unwichtige, dringliche und weniger

dringliche, dienstliche und private Vorgänge mit zum Teil versteckten Hinweisen und Terminkollisionen. Da die Bearbeitungszeit extrem kurz ist, sind Streß und Zeitprobleme natürlich vorprogrammiert.
Je nach Inhalt des Postkorbs können nach der Auswertung Aussagen gemacht werden über: Analysevermögen, komplexes, vernetztes Denken, Organisations-, Planungs- und Entscheidungsverhalten sowie Streßstabilität.

- *Präsentation oder Kurzvorträge:* Die Kandidaten halten auf Grund vorgegebener Informationen (oder eines selbstgewählten Themas) einen Kurzvortrag oder machen eine Präsentation vor den Beobachtern. Manchmal stören die Beobachter während des Vortrags durch Fragen oder Einwände.
Diese Übung ermöglicht Aussagen über: rhetorische Fähigkeiten, Präsentationstechniken, intellektuelle Fähigkeiten, Motivation, Überzeugung(skraft) und Durchsetzungsvermögen.

- *Problemanalyse:* Der Kandidat erhält einige, meist unvollständige Informationen über einen betrieblichen Teilaspekt (zum Beispiel Störung im Produktionsprozeß, Abweichung vom Umsatzplan, Führungsproblem). Er muß in Einzelarbeit die Situation analysieren. Er kann anschließend durch gezielte Fragen an den Moderator weitere Informationen erhalten, die es ihm ermöglichen, Problemlösungen zu entwickeln.
Anhand dieser Übung können analytisches und strategisches Denken, Planungsvermögen und intellektuelle Fähigkeiten sowie die Fragetechnik beurteilt werden.

- *Gruppendiskussionen sowie Gesprächsrunden:* Dies sind die Bausteine, derentwegen man die Teilnehmer gleichzeitig einlädt. Sie werden in Gruppen unterschiedlicher Größe (vier, sechs oder mehr Teilnehmer) eingeteilt und erhalten verschiedene Gesprächsthemen oder Aufgaben, die gemeinsam zu diskutieren oder zu bearbeiten sind.
Die Beobachter (in der Regel einer für je zwei Teilnehmer) verfolgen aufmerksam das Verhalten und das Agieren der einzelnen und machen sich Notizen. Sie müssen sich völlig neutral verhalten und dürfen sich nicht in das Geschehen einmischen. Bei jeder Übung widmen die Beobachter anderen Kandidaten ihre Aufmerksamkeit, so daß schließlich jeder Kandidat von jedem Beobachter mindestens einmal in Augenschein genommen wurde. Die Themen und Aufgaben in den Gruppen (zum Beispiel sind Konflikte vorprogrammiert oder es werden Kompromisse erwartet) sind so angelegt, daß Durchsetzungsvermögen, Belastbarkeit, Überzeugungskraft, Kontaktfähigkeit, Kooperationsbereitschaft, Einfühlungsvermögen sowie Rhetorik und Ausdrucksvermögen beobachtet werden können. Für manche Übungen bekommen die Teilnehmer unterschiedliche Informationen und verschiedene Rollen zugeteilt und müssen ihre Interessen innerhalb der Gruppe durchsetzen. In anderen Übungen wird nur eine Situation dargestellt, oder

man gibt ein Thema vor, und es bleibt den Teilnehmern überlassen, wie sie vorgehen und welche Lösung sie erarbeiten.

Wenn man Sie zu einem Assessment-Center einlädt, sind dieselben Verhaltensweisen empfehlenswert, wie sie im vorigen Kapitel für Gruppengespräche vorgeschlagen wurden.
Sollten Sie das Gefühl haben, bei einer Übung nicht so gut abgeschnitten zu haben, brauchen Sie nicht zu resignieren. Anderen Teilnehmern ergeht es ähnlich. Niemand hat auf allen Gebieten, die beobachtet werden sollen, Stärken. Über mehrere Übungen hinweg gleichen sich Stärken und Schwächen weitgehend aus. Wichtig ist jedoch, daß Sie anderthalb bis zwei Tage lang Ihre Form durchhalten; ideal wäre es, wenn Sie gut anfangen und sich während des Assessment-Centers von Übung zu Übung steigern könnten.
Für Sie als Bewerber hat solch ein Assessment-Center einige gewichtige Vorteile gegenüber anderen Auswahlverfahren:

- Die Beobachter sind in der Regel für ihre Rolle gut geschult, und sie bemühen sich um Objektivität und Fairneß.
- Das Verfahren ist für alle Teilnehmer durchschaubar: Vor Beginn werden Zielsetzung und Ablauf und im Verlauf die einzelnen Übungen erklärt und meist wird auch beschrieben, welche Verhaltensweisen man gerade beobachten will.
- Die Bedingungen sind für alle Teilnehmer gleich.
- Jeder Teilnehmer erlebt sich und seine Konkurrenten in den verschiedenen Situationen und kann sich auf die anderen einstellen.
- Die Teilnehmer können ihr Abschneiden im allgemeinen auch sehr gut selbst einschätzen.
- Die Teilnehmer sind nicht vom Urteil eines einzigen Beobachters abhängig, weil sich alle Beobachter nach den einzelnen Übungen untereinander austauschen und am Ende des Assessment-Centers über jeden Teilnehmer ein Gutachten erstellen.
- Jeder Teilnehmer erhält von einem der Beobachter im Anschluß an das Assessment-Center eine Rückmeldung (Feed-back), wie er insgesamt gesehen wurde. Zusammen mit seinen eigenen Beobachtungen bekommt er auf diese Weise ein gutes Bild von seinem Verhalten und von seinem augenblicklichen Stand. Kein anderes Verfahren läßt solch genaue Rückschlüsse zu. Es wird ihm auch deutlich, warum er die gewünschte Stelle eventuell nicht bekommt. Daraufhin kann er an sich arbeiten. Und er kann sich – in Kenntnis seiner Wirkung auf andere, seiner Stärken und seiner Schwächen – in Zukunft gezielter und erfolgreicher um eine Stelle bewerben.

Der Ablaufplan eines Assessment-Centers kann so aussehen:

1. Tag

14.00 Uhr	Begrüßung der Teilnehmer
	Vorstellung der Teilnehmer und der Beobachter
	Vorstellung des Verfahrens und des Ablaufs
15.15 Uhr	Gruppendiskussion
16.00 Uhr	Pause
16.30 Uhr	Präsentation (Einzelarbeit)
17.45 Uhr	Gruppenübung
19.00 Uhr	Abendessen
20.15 Uhr	Abschlußgespräch

2. Tag

8.30 Uhr	Gruppenübung
9.30 Uhr	Kaffeepause
10.00 Uhr	Postkorbübung (Einzelarbeit)
10.30 Uhr	Interviews zum Postkorb
	Fallstudie (die anderen Teilnehmer)
11.30 Uhr	Pause
12.00 Uhr	Gruppendiskussion
13.00 Uhr	Mittagessen
14.30 Uhr	Vortrag (Einzelarbeit)
15.30 Uhr	Kaffeepause
16.00 Uhr	Abschlußdiskussion
16.30 Uhr	Rückmeldung an die Teilnehmer (Einzelgespräche)

Das Vorstellungsgespräch bei einem Personalberater

Viele Unternehmen beauftragen einen *Personalberater,* wenn sie eine gehobene Position besetzen wollen und hierfür einen qualifizierten Bewerber suchen.
Der Personalberater übernimmt die Werbung und die Vorauswahl. Er korrespondiert mit den Bewerbern und bestellt die in die engere Wahl gelangten Kandidaten zu einem ersten Vorstellungsgespräch in sein Büro oder an einen neutralen Ort. Schließlich schlägt er den (oder die) am besten geeignet erscheinenden Bewerber dem Unternehmen zu einem weiteren Vorstellungsgespräch vor.
Für die *Unternehmen* bietet ein Personalberater mehrere *Vorteile:* Er hat eine große Erfahrung in der Auswahl qualifizierter Mitarbeiter. Dabei bedient er sich häufig besonderer Auswahlmethoden (Tests, Interviews). Zudem tritt das Unternehmen in den ersten Phasen der Mitarbeitersuche nicht an die Öffentlichkeit. Dadurch soll zum Beispiel vermieden werden, daß innerbetrieblich oder bei der Konkurrenz Veränderungen frühzeitig bekannt werden.
Für den *Bewerber* hat die Einschaltung eines Personalberaters *Vor- und Nachteile.* Ein Vorteil kann es sein, daß er zunächst mit einem neutralen Beauftragten verhandeln kann. Da dieser zur Geheimhaltung verpflichtet ist, kann der Bewerber manche Dinge offener ansprechen und auch Fragen stellen, die er seinem künftigen Arbeitgeber unmittelbar *nicht* stellen würde. Er kann im allgemeinen sicher sein, daß der Berater dies nicht an seinen Auftraggeber weiterleitet. Einigt der Bewerber sich nicht mit dem Personalberater, dringt hiervon nichts bis zu dem Stellenanbieter durch.
Einen Nachteil kann man darin sehen, daß der Bewerber zunächst und gegebenenfalls überhaupt nicht erfährt, für wen der Personalberater tätig ist. Das gleiche gilt aber auch für Bewerbungen auf Chiffreanzeigen. Hier hat der Bewerber im Falle einer Ablehnung sogar überhaupt keine Chance zu erfahren, welchem Unternehmen er seine gesamten Unterlagen anvertraut hatte.
Ein Personalberater übernimmt für beide Seiten eine *treuhänderische Funktion.* Er erhält von beiden Partnern viele Informationen und kann daher gut abwägen, ob der Bewerber und das Unternehmen gut zusammenpassen. Er gibt sicher auch beiden Seiten nützliche Hinweise für ihr weiteres Verhalten.
Grundsätzlich unterscheidet sich das Vorstellungsgespräch bei einem Personalberater nicht wesentlich von dem im Unternehmen. Es gelten bei beiden für die Vorbereitung und für die Verhandlungen selbst die gleichen Regeln.

Das Streßinterview

Für die meisten Bewerber bedeutet das Vorstellungsgespräch schon Streß genug. Oft reicht bereits der Gedanke an die bevorstehende Verhandlung aus, um schlaflose Nächte zu verursachen und Pulsschlag und Blutdruck in die Höhe zu treiben. Bis zum Vorstellungsgespräch selbst kann sich dieser Zustand bis zu dem *Lampenfieber* steigern, das den meisten Menschen von wichtigen Auftritten her bekannt ist.

In der Situation des Ernstfalls können sich Unsicherheit und Angstgefühle sogar so weit steigern, daß dem Bewerber selbst einfache und selbstverständliche Dinge nicht einfallen. Der Volksmund hat für diesen Zustand so anschauliche Begriffe wie „Mattscheibe“ oder „Brett vor'm Kopf“ geprägt.

Die Mehrzahl der Gesprächspartner berücksichtigt diese Situation am Beginn des Gesprächs und versucht, die Atmosphäre zu entspannen und den Bewerber zu entkrampfen. Dazu dienen ihnen die freundliche Umgebung des Raumes, angebotene kleine Erfrischungen und vor allem *beruhigende und freundliche Worte* zum Bewerber.

In Einzelfällen weichen die Interviewer von dieser fairen Methode ab. Sie setzen den Bewerber unter Druck und erzeugen bei ihm noch *zusätzlichen* Streß. Das mag bisweilen *unbeabsichtigt* geschehen. So gibt es zum Beispiel vielbeschäftigte Chefs, die sich für ein Vorstellungsgespräch nur wenig Zeit nehmen. Manchmal lassen sie den Bewerber im Vorzimmer längere Zeit warten, weil sie noch schnell andere wichtige Dinge erledigen wollen. In der Zwischenzeit sitzt der arme Kandidat wie auf glühenden Kohlen und wartet mehr oder weniger geduldig auf seinen Auftritt. Endlich empfangen sie, um Zeit zu sparen, den Bewerber im Chefzimmer. Wenn sie auch noch hinter ihrem imposanten Schreibtisch sitzen bleiben und ihrem Gegenüber einen wenig bequemen Besucherstuhl anbieten, sind alle äußeren Voraussetzungen für eine für den Bewerber ungünstige Gesprächssituation geschaffen. Nun braucht der Chef nur noch wegen seiner knappen Zeit kurz und sachlich zu sprechen, mit ungeduldigen Gesten zuzuhören, hin und wieder auf seine Uhr zu sehen und mit den Fingern einen „Marsch“ auf die Schreibtischplatte zu trommeln, um bei dem Bewerber noch mehr Unsicherheit und Streß hervorzurufen. Krönt ein solcher Chef das Gespräch dann damit, daß er sich von seiner Sekretärin und anderen Mitarbeitern stören läßt, nebenher Briefe unterschreibt oder Telefonate führt, braucht ein Bewerber schon gute Nerven und viel Selbstbewußtsein, um nicht resignierend aufzugeben oder sich weit unter Wert darzustellen.

Zum Glück sind solche Gesprächspartner und Situationen selten. Sollten Sie aber als Bewerber auf einen derartigen Chef stoßen, dann gibt es zwei Möglichkeiten: *Entweder* Sie spielen das ungute Spiel geduldig mit. Sie lassen sich nicht entmutigen und versuchen, Ihre besten Argumente und die wichtigsten Informationen immer dann anzubringen, wenn Ihr Gesprächspartner gerade einmal aufmerksam zuhört. *Oder* aber Sie sagen, Sie hätten wohl einen ungünstigen Zeitpunkt erwischt und fragen, wann Ihr Gesprächspartner ausreichend Zeit für Sie habe. Vielleicht hilft dieser Hinweis, und Ihr Gesprächspartner nimmt sich nunmehr tatsächlich Zeit für Sie. Auf jeden Fall erkennt er, daß Sie *nicht* bereit sind, sich auf diese Weise abspeisen zu lassen. Nützt dieser Hinweis nichts, beenden Sie lieber das Gespräch. Überlegen Sie sich gut, ob Sie in einem solchen Unternehmen und unter einem Vorgesetzten arbeiten wollen, der schon zu einem Zeitpunkt, zu dem er noch stark an Ihnen interessiert sein müßte, kaum Zeit und Aufmerksamkeit für Sie aufbringt. Sie können sich leicht ausmalen, wie Ihre Besprechungen mit diesem Chef aussehen werden, wenn Sie erst einmal fest angestellt sind …

Im Gegensatz zu solchen streßbeladenen Gesprächen sind *echte* Streßinterviews *bewußt geplant*. Der Interviewer führt Streßsituationen herbei, um zu testen, ob und wieweit der Bewerber hiermit fertig wird. Er geht dabei von der Vorstellung aus, daß Mitarbeiter in bestimmten Positionen „*streßstabil*" sein müssen. Schließlich kommen sie immer wieder in Situationen, die Härte, Durchhaltevermögen, gute Nerven und ähnliche Eigenschaften verlangen. Wenn sie schon im Vorstellungsgespräch schwache Nerven zeigen, traut ihnen der Interviewer wenig Stabilität in späteren Situationen zu.

Manchmal führt der Interviewer das *gesamte* Vorstellungsgespräch, in der Regel jedoch nur gewisse *Teile* als Streßinterview durch.

Die Streßsituation kann noch dadurch verstärkt werden, daß dem Bewerber zwei Interviewer gegenübersitzen, die ihre Rollen vorher abgestimmt und die Fragen verteilt haben. Dann übernimmt entweder der eine den Part des harten Interviewers, während der andere freundlich bleibt und damit den Bewerber wieder aufrichtet. In diesem Fall stellt sich für den Bewerber das Streßinterview als Wechselbad dar. Oder die beiden Gesprächspartner nehmen mit ihren Fragen den Bewerber gewissermaßen in die Zange.

Das Streßinterview unterscheidet sich von einem normalen Einstellungsgespräch dadurch, daß harte, zum Teil sogar *unfaire* Fragen gestellt werden. Viele Fragen gehen in den persönlichen Bereich. So soll der Bewerber zum Beispiel seine besonderen Stärken und Schwächen aufzählen und kommentieren. Auch seine fachliche Qualifikation wird besonders hartnäckig abgeklopft. An bestimmten Punkten des Gesprächs bohrt der Interviewer immer wieder mit

Fragen nach, um zu prüfen, ob der Bewerber bei seinen Aussagen bleibt oder eventuell Einschränkungen macht.

Manche Interviewer versuchen auch, die Sicherheit und das Selbstbewußtsein des Bewerbers auf die Probe zu stellen, indem sie seine Aussagen *anzweifeln* oder ihm *widersprechen* und Gegenthesen aufstellen. Gibt der Bewerber nach oder lenkt er ein, sammelt er Minuspunkte.

Bisweilen wechselt der Interviewer auch abrupt das Thema und kommt später noch einmal auf bereits früher Gesagtes zurück. Er will auf diese Weise testen, wie rasch der Bewerber auf neue Situationen reagiert und ob er sich eventuell in Widersprüche verwickelt.

Eine beliebte Methode ist es auch, den Bewerber unter *Zeitdruck* zu setzen und ihm kaum Zeit zum Nachdenken und zum Formulieren seiner Gedanken zu lassen. Manchmal unterbricht der Interviewer den Bewerber mitten im Satz und bittet, sich kürzer zu fassen, weil man nur wenig Zeit habe und noch sehr viel besprechen müsse. (Mancher Interviewer unterbricht den Redeschwall eines Bewerbers allerdings auch aus gutem Grund, wenn dieser immer wieder vom eigentlichen Thema abschweift oder sich häufig wiederholt.) Ein gelegentlicher, unübersehbarer Blick auf die Uhr erhöht noch den Zeitdruck.

Auch in einem normalen Vorstellungsgespräch können *phasenweise* Elemente eines Streßinterviews vorkommen. Der Interviewer wendet sie zum Beispiel an, wenn er Unklarheiten oder Widersprüche in den Bewerbungsunterlagen erläutert haben will oder wenn er Erklärungen für Lücken oder einen Knick in der beruflichen Entwicklung sucht. Auch wenn sich der Bewerber in Widersprüche verwickelt oder unwahrscheinliche Behauptungen aufstellt, muß er damit rechnen, daß der Interviewer kritisch nachfragt. Der Bewerber steht dann solange unter Streß, bis es ihm gelungen ist, eine Erklärung zu finden, die sein Gesprächspartner akzeptiert.

Viele Fragen, die in einem Streßinterview gestellt werden, können auch in einem normalen Einstellungsinterview vorkommen. Bei dem hier behandelten Gesprächstyp aber treten sie *gehäuft* auf und werden so eingesetzt, daß sie den Bewerber oft *unvorbereitet* treffen.

Einige für ein Streßinterview typische Fragen mögen dies verdeutlichen:

- Weshalb glauben Sie, für uns der richtige Mitarbeiter zu sein?
- Haben Sie sich Ihre Antwort/Aussage auch gut überlegt?
- Sie haben so häufig Ihre Stelle gewechselt. Welche Garantie geben Sie uns, daß Sie bei uns länger bleiben?
- Vorhin haben Sie gesagt, daß Sie ... In Ihren Bewerbungsunterlagen dagegen steht ... Und jetzt behaupten Sie, daß ... Welche Ihrer Aussagen soll ich nun glauben?
- Sind Sie sicher, daß Sie das auch so meinen?
- Ich kann mir nicht vorstellen, daß Sie bereits die erforderlichen beruflichen Erfahrungen sammeln konnten. Viel-

leicht gelingt es Ihnen aber doch, mich zu überzeugen. Also bitte, erklären Sie mir einmal, wie Sie unser … neu organisieren würden!

- Nennen Sie einen wesentlichen Fehler, den Sie in Ihrer bisherigen Laufbahn gemacht haben! Was haben Sie aus diesem Fehler gelernt?
- Halten Sie sich für intelligent, belastbar und überzeugungskräftig? Weshalb sind Sie davon überzeugt?
- Sind Sie wirklich ernsthaft an dieser Stelle interessiert, oder geht es Ihnen nur darum, irgendeine Stelle, gleich welcher Art, zu bekommen?
- Weshalb glauben Sie, daß Sie mit dieser Position zufrieden sein werden?
- Weshalb wollen Sie Ihre jetzige gute Stelle aufgeben, vor allem in einer wirtschaftlich so unsicheren Zeit?
- Wie sind Sie bisher mit Ihren Vorgesetzten/Kollegen/Mitarbeitern zurechtgekommen?
- Würden Sie sich als einen „schwierigen“ oder als einen „einfachen“ Mitarbeiter einstufen? Bitte begründen Sie dies kurz.
- Können Sie kurz – in ein, zwei Sätzen – sagen, wo Ihre Stärken liegen?
- Warum suchen Sie die Schuld für Schwierigkeiten in der Zusammenarbeit immer bei anderen und nicht auch bei sich selbst?
- Welche Leitbilder haben Sie?

Dies war nur eine kleine *Auswahl* möglicher Fragen. Sie kann nur andeuten, wie solche Fragen lauten und wie breit die Palette der denkbaren Themen ist.

Was können Sie als Bewerber tun, um ein Streßinterview möglichst gut zu überstehen?

- Bleiben Sie ruhig und freundlich. Atmen Sie ruhig durch! Nehmen Sie sich Zeit zum Überlegen und Formulieren! Antworten Sie freundlich und sachlich!
- Überhören Sie die Aggressivität des Fragers! Behalten Sie Ihren freundlichen und sachlichen Ton bei! Gehen Sie nicht auf die Angriffe ein und schlagen Sie nicht „mit gleicher Klinge“ zurück!
- Ignorieren Sie unangenehme Sachverhalte! Bestätigen oder wiederholen Sie diese in Ihrer Antwort nicht! Nennen Sie eine akzeptable Erklärung, oder sprechen Sie über etwas anderes!
- Ignorieren Sie unangenehme Wertungen! Wiederholen Sie diese in Ihrer Antwort nicht! Äußern Sie eine gegenteilige Wertung *(„Ganz im Gegenteil sehe ich die Sache so … “)!* Stellen Sie den Sachverhalt positiv heraus!
- Weichen Sie unangenehmen oder unfairen Fragen aus! Reden Sie knapp am Thema vorbei! Sprechen Sie über irgendein Wort oder einen Teilaspekt der Frage! Formulieren Sie die Frage in eine andere um, die Sie leichter beantworten können!
- Mißverstehen Sie bewußt! Antworten Sie etwas anderes, und behaupten Sie, wenn der Interviewer Sie jetzt nicht versteht, er habe Sie doch *dies* gefragt! Oder wiederholen Sie die Frage mit eigenen Worten, und übertreiben Sie dabei so stark, daß Ihr Gesprächspartner korrigieren muß und sagt, *so* habe er das gar nicht gemeint!

■ Stellen Sie selbst Fragen! Behaupten Sie, Sie hätten den Sinn oder den Inhalt der Frage nicht verstanden! Fragen Sie, was der Interviewer gemeint hat! – Sie gewinnen auf diese Weise zumindest Bedenkzeit. Versuchen Sie, durch eigene Fragen Ihr Gegenüber zum Antworten zu bringen (und von seinen Fragen abzulenken)! Geben Sie dadurch dem Gespräch eine andere, Ihnen angenehme Richtung! – Bedenken Sie: Wer fragt, führt!

Ihre Antworten auf einige der oben angeführten Fragen könnten so lauten:
■ Stellenwechsel am Anfang der beruflichen Laufbahn sind notwendig, um ein möglichst breites fachliches Wissen zu erwerben und vielseitige Erfahrungen zu machen. Nun will ich meine Kenntnisse und Einsichten in eine ausbaufähige Position einbringen. Außerdem sind meine Kinder jetzt schulpflichtig; da will ich weitere Stellungswechsel möglichst vermeiden, um ihnen das Wechseln zu anderen Schulen zu ersparen.
■ *Jeder* Mensch macht Fehler. Ich halte Fehler sogar für *notwendig,* weil man aus ihnen besonders nachhaltig lernen kann. Meine Stärke ist es, die Ursache von Fehlern zu erkennen, zu analysieren und für die Zukunft abzustellen. Ich nenne Ihnen gern einige Beispiele. An schwerwiegende Fehlentscheidungen kann ich mich allerdings nicht erinnern.
■ Bevor ich die Schuld bei anderen suche, prüfe ich erst mich selbst. Meinen Sie etwa, ich halte mich für unfehlbar?
■ Ob ich ein *„schwieriger“* oder ein *„einfacher“* Mensch bin? – Ich glaube nicht, daß die Frage so richtig gestellt ist. Mein Prinzip ist es jedenfalls, anderen nicht nach dem Mund zu reden, sondern selbst nachzudenken und mir ein Urteil zu bilden. Das erwarte ich übrigens auch von meinen Mitarbeitern.

Streßinterviews gehören sicher für den Bewerber zu den unangenehmsten Formen des Vorstellungsgesprächs. Sie verlieren aber weitgehend ihre Schrekken, wenn Sie sich von Ihren Gesprächspartnern nicht einschüchtern lassen. Tragen Sie durch Ihre *ruhige, freundliche* und *selbstsichere Art* dazu bei, daß Ihr Gesprächspartner Sie respektiert und seine Versuche aufgibt, Sie zu verunsichern!
Ein Streßinterview birgt auch eine *Gefahr für den Interviewer* und damit das Unternehmen. Nicht *jeder* Bewerber ist bereit, ein solches Interview mitzumachen. Vielleicht bricht er das Gespräch ab. Oder aber er kehrt den Spieß um und beginnt selbst ein Kreuzverhör. Schließlich unterschreibt mancher Bewerber, der das Streßinterview wohl oder übel über sich ergehen ließ, später den Vertrag nicht. Und dadurch entgehen den Unternehmen häufig gute Mitarbeiter.

Die Gehaltsfrage

Die *Gehaltsfrage* kann im Rahmen der Verhandlungen eine sehr unterschiedliche Bedeutung haben.
Für viele Beschäftigtengruppen gibt es nicht viel zu verhandeln. Mit dem *Tariflohn* oder *Tarifgehalt* ist der Rahmen nach unten abgesteckt. Nach oben besteht ein gewisser Verhandlungsspielraum. Dieser ist häufig bei Klein- und Mittelbetrieben größer als bei Großbetrieben. Kleinbetriebe sind eher bereit, einem neuen Mitarbeiter eine etwas größere individuelle, übertarifliche Zulage zu gewähren als Großbetriebe, die meist eine festgelegte Lohn- und Gehaltspolitik verfolgen.
Wieweit Sie als Mitarbeiter im Tarifbereich versuchen, die mögliche Bandbreite nach oben auszureizen, hängt von vielen Faktoren ab. Wenn Sie wissen, wo die Obergrenze liegt, sind Sie gut dran. Vielleicht sind die Zuschläge bekannt, die dieses Unternehmen zahlt. (Sie können sie eventuell von anderen Mitarbeitern erfahren.) Oder Sie kennen den „Marktpreis" für Ihre Tätigkeit. Dann spricht eigentlich nichts dagegen, das zu fordern, was allgemein für diese Tätigkeit verlangt und auch gezahlt wird.
Gehören Sie hingegen zu den bescheidenen und vorsichtigen Menschen, so bitten Sie Ihren Gesprächspartner, Ihnen ein *Angebot* zu machen. Liegt dies im Rahmen Ihrer Vorstellungen, dann sagen Sie zu. Liegt es (erheblich) darunter, dann nennen Sie doch Ihre Vorstellungen. Sie werden dann erfahren, ob Ihr Gesprächspartner mitzieht oder ob er sein niedrigeres Angebot aufrecht erhält. Es liegt dann bei Ihnen, zu akzeptieren oder abzulehnen.
Wenn die Arbeitsmarktlage für Sie günstig und das Unternehmen an Ihnen sehr interessiert ist, haben Sie größere Chancen, sich gehaltlich zu verbessern. Insbesondere wenn Sie von einer ungekündigten und zudem noch gutbezahlten Stellung aus verhandeln, können Sie ohne großes Risiko zunächst eine *höhere* Bezahlung verlangen. Man wird Ihnen sicher zubilligen, daß Sie mindestens Ihr bisheriges Gehalt als Besitzstand erhalten wollen und für den Wechsel auch noch einen gewissen Risikozuschlag erwarten. Ihr künftiger Arbeitgeber wird dann meist auch Regelungen finden, Sie zu Ihren Gehaltsvorstellungen einzustellen, ohne sein Gehaltsgefüge durcheinanderzubringen. Er rechnet Ihnen vielleicht einige Berufsjahre mehr an oder stuft Sie eine Tarifgruppe höher ein (ggf. wertet er den Arbeitsplatz auf). Dadurch vermeidet er, daß die persönliche Zulage zum Tarifgehalt zu hoch wird. Vielleicht nimmt er Sie auch aus dem Tarif heraus (nur bei den obersten Tarifgruppen

möglich) und stellt Sie als außertariflichen Mitarbeiter ein.
Hüten Sie sich aber davor, in den Gehaltsverhandlungen das bisherige Gehalt *wahrheitswidrig* zu hoch anzugeben! Spätestens wenn Sie nach Dienstantritt Ihre Lohnsteuerkarte abgeben müssen, kommt der Schwindel heraus. Es könnte für Sie unangenehme Folgen haben, wenn man Ihnen dann Unehrlichkeit nachweist. Sie können höchstens, wenn dies glaubhaft ist oder wenn Sie sogar bereits eine feste Zusage haben, behaupten, daß Ihnen Ihr Arbeitgeber eine Gehaltserhöhung zugesagt habe. Außerdem können Sie Ihrem Gehalt Nebenleistungen hinzurechnen, die Ihnen mit dem Gehalt ausgezahlt werden und die Sie auch versteuern müssen.
Bescheidener müssen Sie mit Ihren Forderungen sein, wenn die *Arbeitsmarktlage* im allgemeinen oder gerade für Ihre Beschäftigtengruppe ungünstig ist, wenn Ihnen eine Entlassung droht oder wenn Sie sogar bereits arbeitslos sind. Dann sind Sie vielleicht froh, überhaupt zu annehmbaren Bedingungen eingestellt zu werden. Nur falls Sie eine risikofreudige Natur sind, werden Sie in einem solchen Fall versuchen, möglichst viel für sich herauszuhandeln.
Als *außertariflicher* oder als *leitender Mitarbeiter* haben Sie einen größeren Verhandlungsspielraum und damit auch ein größeres Risiko. Am einfachsten ist es, wenn im Stellenangebot die Dotierung der Stelle angegeben war. Entspricht diese Ihren Vorstellungen, dürfte die Gehaltsverhandlung rasch abgeschlossen sein. Ähnliches gilt, wenn Sie in Ihrem Bewerbungsschreiben Ihren Gehaltswunsch genannt haben. Da Sie zu einem Vorstellungsgespräch eingeladen wurden, wird wohl zumindest dieses Gehalt akzeptiert. Sollte man Sie aber trotz einer überhöhten Forderung eingeladen haben (weil Ihre Bewerbung ansonsten für das Unternehmen interessant ist oder weil man Sie dringend braucht und hofft, Sie noch etwas herunterhandeln zu können), so wird man Ihnen ein niedrigeres Angebot machen. Sie müssen dann in der Verhandlung ausloten, welche Steigerung eventuell doch noch erreichbar ist.
Hatten Sie nur Ihr bisheriges Gehalt genannt, können Sie im allgemeinen davon ausgehen, daß auch Ihr Gesprächspartner dieses als *untere* Verhandlungsgrenze ansieht. Kaum jemand wird erwarten, daß Sie wechseln, ohne sich dabei zu verbessern. Ob der „Wechselzuschlag“ aber nun zehn, 20 oder 30 Prozent beträgt oder ob Sie sogar noch mehr erreichen, hängt von Ihrem Verhandlungsgeschick ab, sehr wesentlich aber auch von anderen Faktoren.
So spielen sicherlich die Arbeitsmarktlage, die Dringlichkeit, mit der das Unternehmen einen neuen Mitarbeiter sucht, die Forderungen Ihrer Mitbewerber (die Sie nicht kennen), vielleicht auch die zusätzlichen Qualifikationen, die Ihr Gesprächspartner in Ihnen zu erkennen glaubt, eine gewichtige Rolle. Letztlich dürfte aber den Ausschlag geben, was der zukünftige Arbeitgeber für die Stelle zahlen kann und will. Über-

spannen Sie aber den Bogen Ihrer Forderungen nicht! Es kann sein, daß ein Unternehmen Sie (gewissermaßen zähneknirschend) zu überhöhten Bezügen einstellt, weil es dringend einen Mitarbeiter mit Ihrer Qualifikation braucht. Sie müssen dann aber damit rechnen, daß man Sie besonders aufmerksam und kritisch beobachtet. Erfüllen Sie die wegen Ihres hohen Gehaltes hochgeschraubten Erwartungen nicht, stehen Sie eventuell sehr schnell auf der Abschußliste. Sobald sich die Gelegenheit bietet, erhalten Sie Ihre Kündigung und müssen sich erneut auf Stellensuche begeben. Und dann sind Sie in einer weitaus ungünstigeren Position. – Glimpflicher geht es ab, wenn Ihr Gehalt so lange eingefroren wird, bis es Ihren Leistungen entspricht und in das allgemeine Gehaltsgefüge paßt.

Ein anerkannter Grund, ein höheres Gehalt als das bisherige zu fordern, ist gegeben, wenn der künftige Arbeitgeber bestimmte *Nebenleistungen* nicht gewährt, die Sie bei Ihrem bisherigen Arbeitgeber bekommen haben. Hatten Sie zum Beispiel die Zusage einer gutdotierten Altersversorgung, einen Dienstwagen, eine Dienstwohnung oder Anspruch auf weitaus mehr Urlaub, dann sollten Sie darauf bestehen, hierfür einen angemessenen finanziellen *Ausgleich* zu bekommen. Anstelle der Altersversorgung könnten Sie eine Lebensversicherung mit ähnlichen Bedingungen aushandeln oder einen monatlichen Mehrbetrag, der es Ihnen gestattet, selbst eine solche Versicherung abzuschließen. Der Wert eines Dienstwagens oder einer Dienstwohnung dürfte leicht zu ermitteln sein. Der in Geld ausgedrückte Gegenwert einiger Urlaubstage liegt wahrscheinlich *unter* Ihrem Erholungswert. Versuchen Sie die Ersatzzahlungen für Nebenleistungen zu dynamisieren, indem Sie zum Beispiel in den Teil des Gehalts eingerechnet werden, der den jährlichen Gehaltserhöhungen zugrunde gelegt wird.

Es ist ratsam, sich in bestimmten Zeitabständen zu vergewissern, ob Sie mit Ihren Bezügen noch richtig liegen. Sehr nützlich sind dabei die in manchen Wirtschaftszeitschriften veröffentlichten *Gehaltsvergleiche.* Die Zahlen sind zwar meist ein oder zwei Jahre alt, lassen sich aber leicht auf den aktuellen Stand hochrechnen. Wenn Sie genauere Informationen wünschen, können Sie sich auch an einem Gehaltsvergleich beteiligen, den manche Wirtschaftsmagazine jährlich durchführen. Vielleicht haben Sie auch einen Bekannten, der in einer Personalabteilung beschäftigt ist. Dieser könnte Ihnen Hinweise geben, wieviel Sie in Ihrer Position verdienen müßten. Dann erfahren Sie genau, wo Sie individuell stehen. Das Studium der Stellenanzeigen der überregionalen Tageszeitungen liefert Ihnen ebenfalls manche interessante Vergleichszahl, soweit dort Gehaltshöhen angegeben sind. Zumindest können Sie aber erkennen, welche Berufsgruppen gefragt sind, und Sie können vielleicht die Weichen in Richtung auf eine chancenreichere Zukunft stellen.

Ihren *individuellen Marktwert* lernen Sie jedoch am besten kennen, wenn Sie sich hin und wieder bewerben.

Die Kenntnis Ihres Wertes ist jedoch nicht nur für Gehaltsverhandlungen mit einem neuen Arbeitgeber nützlich. Auch wenn Sie nicht wechseln wollen, kann es nicht von Nachteil sein zu wissen, ob Sie gut, angemessen oder schlecht bezahlt werden. Zahlt Ihnen Ihr derzeitiger Arbeitgeber zu wenig, sollten Sie bei der nächsten, sich bietenden Gelegenheit mit ihm einmal über Ihr Gehalt sprechen.

Denken Sie bei Gehaltsverhandlungen nicht nur kurzfristig, sondern auch *mittelfristig!* Es ist nicht nur von Interesse, welches Gehalt Sie bei Ihrem Eintritt bekommen, sondern auch, wann jeweils Gehaltsüberprüfungen und damit *Gehaltserhöhungen* für alle Mitarbeiter oder speziell für Sie vorgesehen sind. Vor allem ist die Höhe der Gehaltserhöhungen wichtig. Fragen Sie sich deshalb: Wo will ich in zwei, drei oder fünf Jahren stehen?

So kann zum Beispiel das Eintrittsgehalt unter Ihren Vorstellungen liegen. Wenn aber nach Ablauf der Probezeit eine erste Gehaltsüberprüfung mit deutlicher Gehaltserhöhung zugesagt wird und jährlich erhebliche Gehaltserhöhungen vorgesehen sind, kann dieses Angebot weitaus günstiger sein als ein höheres Anfangsgehalt, dem aber später nur seltene und geringe Erhöhungen folgen.

Verlassen Sie sich wegen späterer Gehaltserhöhungen *nicht* auf mündliche Zusagen! Dies gilt insbesondere für den Zeitpunkt der Beendigung der Probezeit. Auch bei späteren Gehaltserhöhungen für alle Mitarbeiter kann man Sie leicht „vergessen“. Bestehen Sie deshalb darauf, daß solche Vereinbarungen in den Arbeitsvertrag aufgenommen oder schriftlich bestätigt werden.

Für *außertarifliche* oder *leitende Angestellte* werden in der Regel *Jahresgehälter* festgelegt. Deshalb ist nicht nur die Höhe des einzelnen Monatsgehaltes entscheidend, sondern auch die Zahl der Monatsgehälter und die eventuellen sonstigen Zahlungen. Da im Tarifbereich häufig schon 13 Monatsgehälter tarifvertraglich abgesichert sind, müßten außertarifliche Mitarbeiter 14 oder 15 Monatsgehälter erreichen.

Viele Unternehmen teilen auch deshalb das vereinbarte Jahresgehalt durch 14 oder 15, um dadurch das monatlich ausgewiesene Gehalt optisch niedriger erscheinen zu lassen (damit es besser in das Gehaltsgefüge paßt). Die über die zwölf Monatsgehälter hinausgehenden Beträge werden dann zu anderen Zeitpunkten (vor Weihnachten, im Frühjahr, zum Abschluß des Geschäftsjahres, zur Dividendenzahlung etc.) ausgezahlt.

Lassen Sie sich aber nicht darauf ein, daß Ihnen die *Differenz* zwischen den zwölf Gehältern und dem Jahresgehalt als fester Betrag zugesagt wird! Sie können sich leicht ausrechnen, wieviel ein fixer Betrag in einigen Jahren wert sein wird im Vergleich zu Gehältern, die in vollem Umfang an den jährlichen Gehaltssteigerungen teilhaben.

Betrachten Sie Ihr Jahresgehalt auch nicht isoliert! Erst wenn Sie alle *sonstigen* Bezüge und Nebenleistungen des Unternehmens zusammenrechnen und zu Ihrem Gehalt dazuschlagen, können Sie beurteilen, wie gut die Dotierung der Stelle tatsächlich ist. Berücksichtigen Sie dabei, daß manche dieser Nebenleistungen aus steuerlichen Gründen für Sie sehr viel interessanter sein können als einige Hundertmarkscheine vor Steuerabzug! Fragen Sie ruhig einmal einen Steuerfachmann, welche Nebenleistungen für Sie besonders günstig sind!
Die am häufigsten gewährten Nebenleistungen sind:

- Gewinnbeteiligung, Erfolgsbeteiligung, Jahreserfolgsprämie
- Weihnachtsgeld
- Urlaubsgeld
- Vermögensbildung
- Belegschaftsaktien, sonstige Beteiligungen
- zinsfreie und zinsbegünstigte Arbeitgeberdarlehen
- Altersversorgung
- Lebensversicherung, Unfallversicherung
- Beihilfen und Zuschüsse in besonderen Notlagen
- Dienstwagen, Firmenwagen (Größe; Privatnutzung; Übernahme von Steuern, Versicherung, Benzinkosten, Wartung, Reparaturen)
- Dienstwohnung
- Umzugskosten (reine Umzugskosten oder beamtenähnliche Regelungen, Rückzahlungsklauseln)
- Trennungsentschädigung
- Reisekosten, Spesen, Auslösung
- Gehaltsfortzahlung bei Krankheit, Unfall; im Todesfall an die Hinterbliebenen
- bezahlter Sonderurlaub zu privaten Anlässen
- Belegschaftskäufe (im Handel besonders interessant), Sonderrabatte
- bezahlte Vorsorgeuntersuchung
- bezahlte Kuren, Sonderurlaub für Kuren, Aufenthalt in Ferienheimen

Auch Entwicklungs- und *Karriereüberlegungen* können Sie veranlassen, zunächst mit einem etwas niedrigeren Gehalt zufrieden zu sein. So ist mancher Berufsanfänger bereit, ein niedrigeres Anfangsgehalt zu akzeptieren, wenn er dafür die Chance erhält, in einem Trainee-Programm, einem Job-Rotation-Programm oder einer Assistentenstelle einen guten Einstieg in das Berufsleben zu finden. Da solche *Entwicklungsprogramme* die Unternehmen einiges Geld kosten, muß auch der Mitarbeiter bereit sein, durch ein entsprechend geringeres Gehalt einen Teil der Investition in *seine* Zukunft mitzutragen. Die Wahrscheinlichkeit ist ja sehr groß, daß er in wenigen Jahren den Rückstand aufholt und durch eine beachtliche Karriere ein höheres *Lebenseinkommen* erreicht.
Auch in späteren Berufsjahren kann es noch interessant sein, wegen der besseren Zukunftschancen vorübergehend ein geringeres Gehalt in Kauf zu nehmen. So könnten Sie zum Beispiel aus einer beruflichen Sackgasse (Ihr Posten

dort ist zur Zeit vielleicht besser bezahlt) in eine aussichtsreichere Richtung wechseln wollen. Oder Sie wollen aus einer Branche mit stagnierender oder rückläufiger Entwicklung in eine Wachstumsbranche umsteigen. In beiden Fällen kann Ihr Einstiegsgehalt gleich oder sogar geringer sein als Ihre bisherigen Bezüge. Bei einer *mittel-* oder *langfristigen* Betrachtung erweisen sich solche kurzfristigen Gehaltseinbußen oft als eine recht rentable Investition.

Wer beginnt im Vorstellungsgespräch mit den Gehaltsverhandlungen? Wer von beiden nennt *zuerst* seine Gehaltsvorstellungen?

Nur selten nennt der *Bewerber* unaufgefordert und frei seine Vorstellungen. Am ehesten sagt noch ein Bewerber im gewerblichen Bereich ohne Umschweife, wieviel er auf jeden Fall verdienen will. Angestellte tun sich aus verschiedenen Gründen viel schwerer. Entweder fürchten sie, zuwenig zu verlangen und deshalb auch zu niedrig bezahlt zu werden. Oder sie sind besorgt, daß sie wegen zu hoher Forderungen die Stelle nicht bekommen. Deshalb warten sie meist darauf, daß der *Stellenanbieter* sein Angebot nennt. Oft warten sie hierauf vergebens. Dieser fragt nämlich, welches Gehalt sich der Bewerber vorstelle. Dann ist der Schwarze Peter wieder beim Bewerber. In solchen Fällen hofft vielleicht der Stellenanbieter, den Bewerber möglichst günstig „einkaufen" zu können.

Versuchen Sie als Bewerber Ihren Gesprächspartner zu fragen, welches Gehalt er für die Position vorgesehen hat, sobald das Gespräch in die Phase eingetreten ist, in der man über die Gehaltshöhe spricht! Wenn Sie Glück haben, nennt er Ihnen eine Gehaltshöhe, mit der Sie zufrieden sind.

Liegt sein Angebot zu niedrig, stellen Sie Ihre *Gegenforderung.* Ob Sie dabei realistisch bleiben und eine marktgerechte Forderung stellen oder ob Sie pokern, bleibt Ihnen überlassen. Vielleicht können Sie aus dem bisherigen Verlauf des Gespräches ableiten und ermessen, wen Sie vor sich haben und wieweit Sie gehen können. Wenn Sie den Bogen überspannt haben, wird Ihnen Ihr Gesprächspartner dies meist sagen. Oder Sie merken es an seinen Reaktionen. Ist er an Ihrer Mitarbeit interessiert, wird er nach einer Möglichkeit suchen, eine für beide Seiten akzeptable Lösung zu finden. Sind Sie in seinen Augen hingegen nicht der richtige Kandidat, wird er Ihnen dies spätestens jetzt zu verstehen geben.

Es ist jedoch mehr als fraglich, ob Sie durch eine wesentlich niedrigere Gehaltsforderung eine Chance gehabt hätten, die Stelle zu bekommen, falls Ihr Gesprächspartner nicht davon überzeugt ist, daß Sie seinen Anforderungen entsprechen. Halten Sie sich deshalb nach Möglichkeit an die Grundregel für Gehaltsforderungen: Bleiben Sie *realistisch!* Seien Sie aber andererseits *nicht zu bescheiden!*

Beobachten und Signale wahrnehmen

Als Bewerber haben Sie ein starkes Interesse daran, ein möglichst *genaues* und *zutreffendes Bild* des Unternehmens und seiner Mitarbeiter zu erhalten. Verlassen Sie sich aber nicht allein darauf, was Ihnen Ihre Gesprächspartner im Vorstellungsgespräch mitteilen und was Sie dort erfragen und erfahren! Versuchen Sie vor allem durch *eigene Beobachtungen* am Rande und im Verlauf des Vorstellungsgesprächs so viel Mosaiksteinchen zusammenzutragen, daß sich für Sie ein wirklichkeitsnahes Bild des Unternehmens ergibt!

Stellen Sie all Ihre Antennen auf Empfang und nehmen Sie alle *Signale* auf, die Ihnen zusätzliche Informationen vermitteln! Da sind zunächst die Signale des *Umfeldes.* Diese sagen oft sehr viel mehr aus über die Personen, die in diesem Umfeld leben und die es mitgestaltet haben, als jene selbst ahnen und preisgeben wollen. Nur in Ausnahmefällen findet das Vorstellungsgespräch an einem *neutralen Ort* statt. Sie werden zum Beispiel zunächst im Büro eines Personalberaters, in einem Hotel oder im Nebenraum einer Gaststätte empfangen. Dann können Sie natürlich kaum wesentliche Erkenntnisse gewinnen. Sie können höchstens aus der Aufmachung des Büros, der Preisklasse des Hotels oder dem Niveau der Gaststätte sowie an der Höhe der Rechnung ablesen, welche Bedeutung das Unternehmen der ausgeschriebenen Stelle und damit in Verbindung auch Ihnen beimißt.

Weitaus aufschlußreicher ist ein Vorstellungsgespräch *im Unternehmen selbst.* Größe und Zustand der Gebäude, Anlagen und Räume lassen einige Rückschlüsse auf die wirtschaftliche und finanzielle Lage des Unternehmens zu. Echter Einsatz der Mitarbeiter oder gespielte Geschäftigkeit, emsige Aktivität oder langsames Arbeiten, freundliche oder mißmutige Gesichter sind weitere Kennzeichen für den Geschäftsgang.

Schon die Art der Empfangshalle oder des Vorraums, der Portier oder der Pförtner, die Empfangsdame oder die Telefonistin, die auch die Besucher abfertigt, lassen etwas vom *„Geist des Hauses“* ahnen. Weitere Mosaiksteinchen, die sich zum Gesamtbild zusammenfügen, sind vornehme Stille oder Hektik, einfache, gediegene, noble oder protzige Ausstattung und die Art, wie die Mitarbeiter miteinander umgehen: Kollegial oder distanziert, offen oder eher kühl usw.

Üben Sie Ihre Beobachtungsgabe doch schon einmal an Ihrem jetzigen Arbeitsplatz.

Achten Sie darauf, wie Sie empfangen werden:
- Werden Sie erwartet, kennt man Ihren Namen, oder weiß niemand Bescheid?
- Wurden Sie allein bestellt, oder sind Sie einer unter vielen Wartenden?
- Werden Sie sofort an Ihre Gesprächspartner weitergeleitet, oder müssen Sie (lange) warten?
- Werden Sie höflich und freundlich begrüßt oder kühl und unfreundlich?
- Wie wirkt die ganze Atmosphäre auf Sie?

Vielleicht fällt hier schon bei Ihnen eine Vorentscheidung, ob Sie in diesem Unternehmen mitarbeiten wollen oder nicht.
Im *Vorzimmer* Ihres Gesprächspartners, der vielleicht Ihr späterer Vorgesetzter wird, können Sie weitere aufschlußreiche Signale aufnehmen:
- Wie werden Sie hier empfangen? Wie werden Sie begrüßt?
- Bietet man Ihnen eine Sitzgelegenheit, eine Ablagemöglichkeit für Ihre Garderobe oder Getränke an?
- Fragt man Sie freundlich?

Vom Auftreten und Verhalten der *Sekretärin* können Sie auch auf den Chef schließen. Das alte Sprichwort *„Wie der Herr, so's Gescherr"* findet auch hier seine Bestätigung.
- Wie bewegen sich die übrigen Mitarbeiter, die in das Vorzimmer kommen oder in das Chefzimmer gehen: frei, ungezwungen und freundlich oder devot, steif und ernst oder sogar ängstlich?
- Welcher Umgangston herrscht hier?
- Welche Atmosphäre herrscht im Vorzimmer?
- Wie sind Art, Stil und Ausstattung der Büroeinrichtung?

Meist gelten für die *Büroeinrichtung* irgendwelche Regeln und Richtlinien des Unternehmens (auch das ist bereits aufschlußreich); meist setzt sich aber doch in gewissem Umfang der persönliche Geschmack der Mitarbeiter durch. Dadurch erhalten Sie viele Signale, wie Sie diese einschätzen und behandeln können.
- Wie lange müssen Sie im Vorzimmer warten?
- Wie kümmert man sich um Sie während der Wartezeit?
- Wie werden Sie bei Ihrem Gesprächspartner angemeldet?

Dann kommt der entscheidende *Moment der ersten Begegnung* (siehe auch *„Der erste Eindruck")*. Jetzt sind *Sie* im Vorteil. Sie erleben nicht nur, wie Ihr Gesprächspartner auf Sie zukommt und Sie begrüßt. Aus seinem Verhalten können Sie erste Rückschlüsse ziehen und Ihr eigenes Verhalten eventuell auf ihn abstimmen. Außer diesen von der Person ausgehenden Signalen sehen Sie zugleich das Umfeld dieses Menschen und können auch daraus eine Fülle von Folgerungen ziehen.
Achten Sie zum Beispiel auf Folgendes:
- In welchem Stil ist Ihr Gesprächspartner gekleidet?

- Wie groß ist sein Büro, und wie ist es eingerichtet? Ist es sachlich-nüchtern, prunkvoll-protzig, aufwendig oder bescheiden, zweckmäßig oder repräsentativ, eher stilvoll oder modern?
- Welchen Wert legt Ihr Gesprächspartner auf Äußerlichkeiten?
- Welche persönliche Note hat er in die Einrichtung gebracht (Bilder, Blumen, Zusammenstellung der Möbel)?
- Thront er hinter einem gewaltigen Schreibtisch, geht er auf Distanz zu seinen Besuchern oder benutzt er für Gespräche eine bequeme Sitzecke?
- Wie voll ist sein Schreibtisch?

Gewichten Sie die einzelnen Punkte und Beobachtungen nicht zu stark! Prüfen Sie, wieweit sie sich ergänzen oder widersprechen, und versuchen Sie, aus den vielen Einzelbeobachtungen ein *Gesamtbild* zusammenzusetzen!
Fällen Sie aufgrund Ihrer Beobachtungen auch *keine Werturteile!* Stellen Sie nur fest, ob Sie sich in dieser Umgebung wohl fühlen und ob Sie gerne dort arbeiten würden! Wenn Sie im Geschmack mit Ihrem künftigen Chef weitgehend übereinstimmen, ähnliche Vorlieben sowie den gleichen Arbeitsstil haben – soweit sich das hieraus schon schließen läßt –, sind wichtige Voraussetzungen für gegenseitige Sympathie und gute Zusammenarbeit gegeben.
Beobachten Sie aber auch die Signale, die Ihr Gesprächspartner durch sein *Verhalten* aussendet:

- Wie spricht er Sie an? Wie kommt er auf Sie zu?
- Ist er offen, oder geht er auf Distanz?
- Hört er interessiert zu, oder ist er unaufmerksam, unkonzentriert, abgelenkt und kurz angebunden?
- Erledigt er während des Vorstellungsgesprächs noch andere Dinge (Telefonate, Anweisungen an die Sekretärin, Unterschreiben von Post, Lesen irgendwelcher Unterlagen, Gespräche mit anderen Mitarbeitern)?
- Läßt er sich stören, oder widmet er sich ganz Ihnen?
- Wie reagiert er auf Ihre Fragen und Antworten (interessiert – gelangweilt, geduldig – unwirsch)?
- Läßt sein Interesse während des Vorstellungsgesprächs spürbar nach, oder bleibt es rege?

An solchen Signalen können Sie erkennen, ob Sie überhaupt mit diesem Vorgesetzten zusammenarbeiten können oder wollen. Nimmt er sich bereits im Vorstellungsgespräch nur wenig Zeit für Sie, und zeigt er kaum Interesse, können Sie sich ausmalen, wie es erst sein wird, wenn Sie mit ihm zusammenarbeiten müssen. Wenn sein Interesse im Verlauf des Gesprächs spürbar abnimmt, steht die Sache schlecht für Sie – es sei denn, es ist halt seine Art, in Gesprächen unaufmerksam zu sein und kaum zuzuhören. Vielleicht gelingt es Ihnen, dem Gespräch eine Wendung zu geben, die seine Aufmerksamkeit wieder erregt. Lassen Sie sich auf keinen Fall durch seine Unaufmerksamkeit, Ungeduld oder Unhöflichkeit aus dem Konzept bringen! Fassen Sie sich aber so kurz wie eben möglich, und formulieren Sie *kurz und präzise!* Vielleicht hatten Sie ihn vorher tatsächlich mit langatmigen Ausführungen gelangweilt. Denken Sie daran, daß die Zeit von Chefs knapp und kostbar ist, und stellen Sie sich darauf ein!

Achten Sie auch auf Zeichen und Signale, die Ihnen ein bestimmtes Verhalten nahelegen! Erwartet Ihr Gesprächspartner zum Beispiel Zustimmung oder Anerkennung, dann lassen Sie ihm diese auch zuteil werden. Legt er offensichtlich Wert auf eine eigenständige Meinung, dann reden Sie ihm nicht nach dem Mund! Beobachten Sie auch, wann er ungestört reden will und wann er Ihre Entgegnungen erwartet! Glänzen Sie aber nicht nur durch höfliches Zuhören, sonst bleiben Sie für Ihn in der Erinnerung blaß.

Ihre Beobachtungen und die Folgerungen, die Sie hieraus ableiten, dienen *zwei* wichtigen Zielen: Sie wollen herausfinden, *ob* Sie sich für diesen neuen Arbeitgeber entscheiden sollen, und wenn diese Entscheidung positiv ausgefallen ist, wollen Sie die Stellung auch *bekommen.* Dabei können Sie aus den gleichen Beobachtungen sowohl die Kriterien Ihrer Entscheidung für den neuen Arbeitgeber gewinnen als auch Hinweise darauf, wie Sie sich angemessen verhalten und gut verkaufen können.

Ihre Gesprächspartner haben *ebenfalls* zwei Hauptziele ständig im Auge: Sie wollen herausfinden, ob Sie der geeignete Mitarbeiter sind, und wenn sie zu dieser Erkenntnis gekommen sind, wollen sie Sie für das Unternehmen gewinnen.

Aus diesen beiden unterschiedlichen Zielsetzungen heraus wird jede Seite die jeweils andere aufmerksam beobachten. Beide werden sich zugleich selbst fast immer von ihrer besten Seite zeigen. Die Folge ist häufig ein *„Schönwettergespräch"*. Beide Gesprächspartner geben sich mehr Mühe, als sie es im betrieblichen Alltag tun. Sie sind höflicher und freundlicher, geduldiger und großzügiger. – Mancher Bewerber fragt sich später verwundert oder enttäuscht, ob sein unfreundlicher und ungeduldiger, schon bei Kleinigkeiten explodierender Chef derselbe Mensch ist, dem er im Vorstellungsgespräch gegenübergesessen hat. Damals hatte er sich beglückwünscht, einen so freundlichen und verständnisvollen Gesprächspartner gefunden zu haben. Aus heutiger Sicht als Mitarbeiter hätte er sich nie für dieses Unternehmen und diesen Chef entschieden …

Mancher Chef andererseits fragt sich später, wo er während des Vorstellungsgesprächs seine Augen hatte, ob er es an Aufmerksamkeit fehlen ließ. *Damals* war der Bewerber freundlich und aufgeweckt, ging auf seine Ideen und Vorschläge ein. Er schien selbst auch gute Ideen zu haben und machte den Eindruck, selbständig und gern zu arbeiten. Später aber entpuppt er sich als ein ganz anderer. Wenn man ihm nicht ständig im Nacken sitzt, tut er nur das Nötigste. Er hält keine Termine ein, arbeitet oberflächlich und hält mit seinem Gerede auch noch die anderen von der Arbeit ab. Wie konnte er, der Chef, nur auf einen solchen Blender hereinfallen? Leider ist die Probezeit bereits verstrichen. Bei nächster Gelegenheit wird er sich aber von diesem Mitarbeiter trennen. Aus solchen Befürchtungen und Erfahrungen heraus ist das Bemühen *beider* Parteien verständlich, sich vor Fehlentscheidungen zu schützen. Dies gelingt am besten, wenn man nicht nur auf das achtet, was die andere Seite *äußert,* sondern auch auf alle *Signale*, die sie – bewußt und unbewußt – aussendet. Die hohe Kunst besteht darin, diese Signale zunächst zu empfangen und sie danach richtig zu deuten.

Welchen Nutzen kann der Bewerber dem Unternehmen bieten?

Niemand tut etwas, ohne sich davon einen besonderen Nutzen zu versprechen. Dies gilt für Menschen wie für Unternehmen. Wenn Sie als Bewerber erreichen wollen, daß sich ein Unternehmen gerade für Sie entscheidet, müssen Sie ihm einen erkennbaren Nutzen bieten. Ihr *„Nutzenangebot“* sollte sich dabei deutlich und – damit Sie Erfolg haben – natürlich auch positiv von dem abheben, was Ihre Mitbewerber anzubieten haben.

Ein Problem und eine Chance *zugleich* liegt darin, daß der Nutzen kaum objektiv meßbar ist. Eine Ware hat zum Beispiel nur denjenigen Nutzen, den sich der Käufer von ihr verspricht. Entsprechend dieser *Nutzeneinschätzung* entscheidet sich der Käufer für oder gegen die Ware und ist bereit, einen bestimmten Preis zu zahlen.

Beim Nutzen unterscheidet man zwischen *Grundnutzen* und *Zusatznutzen.* Häufig ist der Grundnutzen vergleichbarer Produkte etwa gleich. Der Käufer kann Unterschiede kaum oder gar nicht erkennen. In solchen Fällen läßt sich der Käufer vom Zusatznutzen leiten, den er zu erkennen glaubt oder den ihm die Werbung (oder ein geschickter Verkäufer) einredet. So leisten zum Beispiel alle Waschmittel ungefähr das gleiche. Eine Hausfrau entscheidet sich aber für ein bestimmtes Waschmittel, weil dieses ihr einen – vielleicht nur von der Werbung eingeredeten – Zusatznutzen bietet: „Wer es benutzt, ist eine moderne Hausfrau“; „Das Weiß strahlt in einer besonderen Art frisch"; „Die Nachbarin beneidet Sie um solch saubere Wäsche"; „Die Waschmaschine dankt für dieses Waschmittel mit weit längerer Lebensdauer" – und so weiter.

Jeder gute Verkäufer versucht, seine Ware über den Nutzen und – bei weitgehend gleichen Produkten – über den Zusatznutzen zu verkaufen. Da Sie als Bewerber sich selbst möglichst gut verkaufen wollen, sollten auch Sie die Erkenntnisse der *Verkaufspsychologie* nutzen.

Nehmen wir an, alle in die engere Wahl gekommenen Bewerber seien in ihrer Qualifikation etwa gleich. Damit würden sie alle dem Unternehmen den gleichen Grundnutzen bieten: die Besetzung einer freien Stelle mit einem Mitarbeiter, der eine bestimmte Qualifikation und Arbeitsleistung zu einem vereinbarten Preis (Lohn oder Gehalt) bietet. Für *welchen* Kandidaten wird sich das Unternehmen wohl entscheiden? Voraussichtlich für denjenigen, der außer dem verlangten Grundnutzen den *größten Zusatznutzen* bietet! Prüfen Sie sich deshalb als Bewerber, welchen Zusatznutzen *Sie* dem Unternehmen offerieren können. Noch weniger als der Nutzen einer Ware ist der Nutzen objektiv meßbar, den ein *Mensch* zu bieten hat. Das ist teilweise eher eine Frage des Gefühls, des Glaubens und des Hoffens.

Von Ihrem Einfallsreichtum hängt es ab, wieweit Sie gerade auf dem Gebiet des nicht meßbaren Nutzens bei Ihrem Gesprächspartner Pluspunkte sammeln. Nehmen Sie als Ausgangspunkt für Ihre Überlegungen noch einmal die *Stellenanzeige* zur Hand! Die Kenntnisse, Fähigkeiten, Fertigkeiten, Eigenschaften, Erfahrungen und Verhaltensweisen, die dort verlangt werden, stellen etwa den *Grundnutzen* dar, den das Unternehmen von seinem neuen Mitarbeiter erwartet. Gehen wir einmal davon aus, daß Sie diesen Anforderungen gerecht werden. Was könnten Sie nun noch *zusätzlich* vorweisen?

Als noch objektiv nachweisbaren und überprüfbaren Zusatznutzen könnten Sie vielleicht angeben:

- *Auslandserfahrung* (zum Beispiel ein Praktikum in Großbritannien oder ein Studiensemester in den USA; das bedeutet: Fremdsprache im Land gelernt, außerdem Initiative)
- *weitere Fremdsprache* (zum Beispiel zusätzlich Französisch, falls nur Englisch verlangt wurde)
- *Eignung zum Ausbilder* (Sie können Auszubildende ausbilden, aber auch neue Mitarbeiter besser einarbeiten)
- *Führerschein Klasse III* (Sie sind beweglich und können zum Beispiel räumlich getrennte Betriebsteile leicht aufsuchen)
- *Leutnant der Reserve* (Sie haben somit gewisse Führungserfahrung)
- *Fernstudium in ...* (bedeutet zusätzliches Fachwissen, Beweis für Lernbereitschaft und Initiative)
- *Außendiensterfahrung/Innendiensterfahrung* (kann nützlich sein, wenn Sie künftig im Innendienst/Außendienst tätig sein sollen. Sie kennen dann die Probleme der anderen Seite)

- *Refa-, MTM-Schein* (organisatorische Grundkenntnisse nützen in fast allen Tätigkeiten)
- *EDV-Programmiersprachen* (EDV-Erfahrungen nützen in fast allen Bereichen, weil dort die EDV immer mehr vordringt.)
- *nebenamtliche Referententätigkeit* (zeigt, daß Sie anderen Wissen vermitteln und daß Sie, ohne gehemmt zu sein, vor größeren Personengruppen auftreten können)

Diese Beispiele aus den unterschiedlichsten Bereichen sollen Sie anregen, darüber nachzudenken, wo auch Sie einen *nachweisbaren* Zusatznutzen bieten könnten. Wo sehen Sie hier Möglichkeiten, sich positiv von Ihren Mitbewerbern abzuheben?

Mit noch größerer Kreativität können Sie sich auf dem Gebiet des *nicht* objektiv erfaßbaren Zusatznutzens darstellen. Hier zahlt sich Nachdenken besonders stark aus, weil Sie mit dem *subjektiv* empfundenen Zusatznutzen das *Gefühl* Ihres Gesprächspartners ansprechen. Ein sehr großer Teil der menschlichen Handlungen und Entscheidungen wird vom Gefühl her – und damit meist unbewußt – gesteuert. Deshalb sind alle „Angebote", mit denen Sie das Gefühl ansprechen, besonders wirksam. Sie haben zudem den Vorteil, daß sie sich kaum objektiv nachweisen, prüfen oder widerlegen lassen.

Um *gezielt* den Gefühlsbereich Ihres Gesprächspartners ansprechen zu können, müßten Sie ihn möglichst genau kennen. Das ist natürlich leider nicht der Fall, wenn Sie sich auf das Vorstellungsgespräch vorbereiten. In dieser Phase können Sie deshalb nur Vermutungen anstellen und von allgemein gültigen oder sehr wahrscheinlichen Erwartungen ausgehen.

Fragen Sie sich:

- Was könnten die Wünsche, Erwartungen, Bedürfnisse und Hoffnungen meines Gesprächspartners (und wohl auch des Unternehmens) sein?
- Welche Werte, Normen und Regeln gelten dort?
- Worauf könnte mein Gesprächspartner besonders positiv reagieren?
- Wo dürfte er Probleme haben und nach Lösungen suchen?
- Wie stellt er sich seinen künftigen Mitarbeiter vor?
- Was würde er wohl am meisten an ihm schätzen?

Vielleicht gibt die Stellenanzeige erste Hinweise in die richtige Richtung. So könnte das Unternehmen und damit der Vorgesetzte einen neuen Mitarbeiter suchen, der

- zuverlässig, fleißig, initiativ und kreativ ist;
- sich mit dem Unternehmen identifiziert und sich für dieses in überdurchschnittlichem Maße einsetzt;
- nicht ständig angetrieben werden muß, sondern sich selbst Aufgaben stellt und Ziele vorgibt;
- absolut zuverlässig und loyal ist;
- seinen Chef versteht und ihn bei der Verfolgung seiner Ziele unterstützt;

- mitdenkt, selbständig handelt und bereit ist, Verantwortung zu übernehmen;
- die Probleme seines Chefs zu seinen eigenen macht und nach Lösungen sucht;
- neue Ideen in das Unternehmen einbringt;
- Erfahrungen hat, wie Umsätze gesteigert oder Kosten gesenkt werden.

Sicher fallen Ihnen noch weitere Punkte ein, die Ihr Gesprächspartner als Zusatznutzen empfinden könnte. Vor allem überlegen Sie, wie Sie am besten an *praktischen* Beispielen oder Fällen Ihre Vorzüge darstellen können! Übertreiben Sie dabei nicht. Ihre Ausführungen müssen *glaubhaft* sein.

Die meisten Anstöße und Anregungen für Ihr Nutzenangebot erhalten Sie aber erst während des Vorstellungsgesprächs. Wenn Sie Ihrem Gesprächspartner aufmerksam zuhören und wenn Sie seine Signale richtig entschlüsseln, werden Sie erkennen, worauf er besonderen Wert legt.

Vielleicht erwähnt er, daß er in den letzten Jahren viel Ärger mit Mitarbeitern hatte, die überraschend das Unternehmen verlassen haben. Jetzt könnten Sie als Zusatznutzen anbieten, daß Sie an einer *Dauerstellung* interessiert sind und nicht im Hinterkopf bereits Gedanken an einen Wechsel hegen. Als „Beweis“ können Sie anführen, daß Ihre Frau endlich Ruhe haben und nicht wieder umziehen möchte, daß Ihre Kinder jetzt im schulpflichtigen Alter seien, daß Sie durch einige Stellenwechsel genügend Erfahrungen gesammelt hätten und jetzt eine Lebensstellung suchten, daß Sie möglichst bald bauen wollten oder schon immer gern in diese Gegend gezogen wären.

Beklagt sich Ihr Gesprächspartner, daß viele ihn nicht verständen und seine guten Ideen nicht zu schätzen wüßten, dann zeigen Sie im Gespräch besonderes Interesse für alles, was er berichtet. Loben Sie ihn, wo immer es möglich ist!

Je mehr es Ihnen gelingt, mit Ihrem Gesprächspartner auf einer Wellenlänge zu liegen, je sympathischer Sie ihm sind, desto größer ist die Wahrscheinlichkeit, daß er Ihnen *Vertrauen* schenkt und mit Ihnen zusammenarbeiten möchte. Das Gefühl, in Ihnen nicht nur einen qualifizierten, sondern darüber hinaus noch einen zuverlässigen, loyalen, freundlichen und sympathischen Mitarbeiter zu gewinnen, dürfte bei seiner endgültigen Entscheidung zu Ihren Gunsten eine gewichtige Rolle spielen.

Welche Fragen kann der Bewerber stellen?

Zu einer gründlichen Vorbereitung auf das Vorstellungsgespräch gehört es auch, daß Sie sich die Fragen *überlegen*, die Sie Ihrem Gesprächspartner während des Interviews stellen wollen. Sie gehen dann besser gewappnet in das Gespräch. Wie weit Sie diese Fragen tatsächlich *stellen*, hängt dann vom Gesprächsverlauf und den Umständen ab. Manche Fragen dürften sich erübrigen, weil Ihr Gegenüber ungefragt Informationen liefert. Andere offene Punkte ergeben sich im Vorstellungsgespräch aus der Situation heraus.

Machen Sie es sich zur Regel, so viel und so lange zu fragen, bis Sie alle Informationen haben, die Sie für Ihre Entscheidung brauchen! Scheuen Sie sich nicht zu fragen, aus Furcht, vielleicht für begriffsstutzig oder für neugierig gehalten zu werden! *Dumm* wäre es hingegen, auf der Basis eines zu geringen Informationsstands weitreichende Entscheidungen zu treffen.

Sollten Sie ein sehr gutes Gedächtnis besitzen, können Sie sich Ihre Fragen vielleicht merken. Sicherer ist es aber, Sie schreiben sich zumindest die wichtigsten auf. Die Gefahr ist nämlich sehr groß, daß Sie im Verlauf des Vorstellungsgesprächs einige wesentliche Fragen vergessen; insbesondere, wenn das Interview einen anderen Verlauf nimmt, als Sie sich vorher ausgemalt hatten. Lassen Sie auf Ihrem Fragenblatt auch genügend Platz für die Antworten! Notieren Sie darauf auch alle Antworten, die für Sie von Bedeutung sind, zum Beispiel Zusagen und Vereinbarungen. Sie haben später eine Unterlage zur Hand, auf die Sie in Zweifelsfällen zurückgreifen können. So können Ihre *Aufzeichnungen* sehr nützlich sein, wenn Sie den Inhalt des Arbeitsvertrages überprüfen wollen oder wenn Ihr neuer Arbeitgeber mündlich gegebene Zusagen später nicht einhalten sollte.

In bestimmten Phasen des Gesprächs können Sie durchaus Ihren Fragenkatalog zur Hand nehmen, Fragen ablesen und sich Notizen machen. Ihre Gesprächspartner werden dafür auf jeden Fall Verständnis haben. Vielleicht operieren diese ebenfalls mit Formularen oder Notizen als Gedächtnisstützen und Hilfsmittel.

Sie können während des Vorstellungsgesprächs aus sehr *unterschiedlichen* Gründen fragen:

- weil Sie mehr Informationen haben möchten;
- weil Sie etwas nicht (richtig) verstanden haben;
- weil Sie Zweifel haben;
- weil Sie tatsächlich Interesse haben;
- weil Sie Zeit gewinnen wollen;

- weil Sie lediglich Interesse vortäuschen wollen;
- weil Sie sich positiv darstellen und in ein günstiges Licht rücken wollen.

Die Fragen zu den gewünschten Informationen können Sie sich *weitgehend* vor dem Vorstellungsgespräch zurechtlegen; die *anderen* ergeben sich meist aus der Gesprächssituation heraus. Hier müssen Sie – ohne Vorbereitung – schnell und richtig reagieren.
Ihre *Informationsfragen* teilen Sie sich am besten in mehrere Gruppen ein:

- zum Arbeitsbereich, zu den Tätigkeitsmerkmalen und zu den Arbeitsbedingungen
- zu Besonderheiten der Tätigkeit
- zu Ihren Kompetenzen und Ihrem Verantwortungsbereich
- zu Zusammenarbeit und Abgrenzung
- zu Ihrem Vorgänger
- zur Personalführung
- zu Bezahlung und Nebenleistungen
- zu Sozialleistungen
- zur Weiterbildung, Förderung und Entwicklung
- zu einzelnen Punkten der Anzeige
- zur wirtschaftlichen und finanziellen Lage des Unternehmens
- zu den Verhältnissen am neuen Wohnsitz

Eine solche oder ähnliche Gliederung erleichtert Ihnen die Übersicht während des Vorstellungsgesprächs und die spätere Auswertung. Stellen Sie sich die Fragen in Form eines *Katalogs* oder einer *Checkliste* zusammen!

Wenn Sie mehrere Vorstellungsgespräche in verschiedenen Unternehmen führen, können Sie bereits *Zwischenauswertungen* machen. In jedes neue Gespräch können Sie dann mit einer präparierten Liste gehen, in der Sie bereits günstige Einzelergebnisse vermerkt haben. Diese können Sie als Basis für Ihre weiteren Verhandlungen nehmen. Am Ende der Vorstellungsrunde fällt es Ihnen dann leicht, im *Quervergleich* das für Sie günstigste Stellenangebot herauszufinden.
Da Sie selbst am besten wissen, worauf es Ihnen in Ihrer künftigen Stelle am meisten ankommt, stellen Sie sich Ihre eigene Liste zusammen! Sie sollten deshalb die folgende Aufzählung nur als Stichwortsammlung betrachten, aus der Sie entsprechend Ihren Wünschen und Vorstellungen Ihre Fragen auswählen. Es dürfte genügen, wenn Sie sich nur Stichworte aufschreiben und die Fragen im Gespräch formulieren.
Nicht alle Fragen sind gleich wichtig. Kennzeichnen Sie deshalb diejenigen, die Sie auf alle Fälle beantwortet haben wollen! Dadurch stellen Sie sicher, daß Sie wenigstens die *entscheidenden* Antworten bekommen, falls Sie im Gespräch in Zeitnot geraten sollten.

Fragen zum Arbeitsbereich, zu den Tätigkeitsmerkmalen und den Arbeitsbedingungen

- Art der Tätigkeit, Bezeichnung der Stelle
- Beschreibung der Tätigkeit, Stellenbeschreibung
- Arbeitszeit, gleitende oder flexible Arbeitszeit
- frühester Arbeitsantritt
- Urlaub, unbezahlter Urlaub, Freizeit
- Kündigungsfristen
- Art des Arbeitsplatzes (Einzelbüro, Mehrpersonenbüro, Großraumbüro, Fabrikationsräume, Halle, Lager, im Freien)
- Innendienst, Außendienst

Fragen zu Besonderheiten der Tätigkeit

- Belästigungen: Kälte, Lärm, Staub, Schmutz, Hitze, Feuchtigkeit
- Gesundheitsgefahren: Gase, Gifte, Strahlungen, sonstige gesundheitliche Gefahren
- Unfallgefahren
- Reisetätigkeit
- häufiger Ortswechsel
- Umsetzungen, Versetzungen, wechselnde Arbeitsplätze (Lassen Sie sich nach Möglichkeit Ihren künftigen Arbeitsplatz zeigen, damit Sie die äußeren Bedingungen aus eigener Anschauung kennenlernen! Dabei können Sie vielleicht auch schon Ihre künftigen Kolleginnen und Kollegen kennenlernen)

Fragen zu Ihren Kompetenzen und zu Ihrem Verantwortungsbereich

- Befugnisse, Vollmachten, Handlungsspielraum, Zuständigkeit
- Bedeutung der Stelle
- Rahmen der Verantwortung
- organisatorische und hierarchische Einordnung der Stelle

Fragen zur Zusammenarbeit und zur Abgrenzung

- Wer ist Vorgesetzter?
- Wer ist Fachvorgesetzter, wer Disziplinarvorgesetzter?
- Wie sind die Zuständigkeiten geregelt?
- Wer sind die Kollegen?
- Teamarbeit, Arbeitsgruppen, Arbeitskreise

Fragen zu Ihrem Vorgänger

Qualifikation des Vorgängers:

- Wie lange war er in dieser Position tätig?
- Ist er ausgeschieden, oder hat er Karriere im Unternehmen gemacht?
- Wie spricht man über ihn?
- Können Sie ihn kennenlernen und mit ihm sprechen?
- Wird er Sie noch einarbeiten?

Fragen zur Personalführung

- Wenn Sie in einem fortschrittlich geführten Unternehmen arbeiten wollen, fragen Sie nach dem *Führungsstil* und nach den organisatorischen Mitteln, die zur Unterstützung der Führung eingesetzt werden! Achten Sie darauf, wieweit hierbei auch die Interessen der Mitarbeiter Berücksichtigung finden.

- schriftlich fixierte Unternehmensziele und Unternehmensgrundsätze
- Stellenbeschreibungen
- Führungsleitsätze
- kooperativer oder partizipativer Führungsstil
- Beurteilungssystem
- Förderungs- und Entwicklungsmaßnahmen
- innerbetriebliche Stellenausschreibungen
- Arbeitsordnung
- Arbeitszeitregelung
- betriebliche Bildungsmaßnahmen, betriebliches Bildungszentrum
- Übernahme der Kosten erforderlicher Weiterbildungsmaßnahmen
- innerbetriebliche Laufbahnen
- Kommen die Führungskräfte vorzugsweise aus den eigenen Reihen oder von außen?

Fragen zu Bezahlung und Nebenleistungen

- Monatsgehalt, Jahresgehalt
- Wieweit ist das dreizehnte Monatsgehalt bereits tariflich vereinbart?
- Klären Sie auch, ob das vereinbarte Gehalt nur für die Probe- oder Einarbeitungszeit gilt und auf welchen Betrag das Gehalt nach Ablauf dieser Zeit erhöht wird.
- Wenn Sie ein *außertarifliches* Gehalt bekommen: Ob eine jährliche Gehaltsüberprüfung stattfindet und wie hoch die durchschnittlichen Gehaltserhöhungen sind (zum Beispiel Erhöhungen im gleichen Prozentsatz wie die Tariferhöhungen). Bestehen Sie darauf, daß die Zusagen im Arbeitsvertrag *festgelegt* werden!
- weitere Monatsgehälter
- umsatz- oder gewinnabhängige Vergütungen
- Sonderzahlungen, Gratifikationen
- Weihnachtsgeld
- Urlaubsgeld
- Zuschüsse zu Krankenkassen und Versicherungen
- Gehaltsfortzahlung bei Krankheit; im Sterbefall an die Hinterbliebenen
- Dienstwagen, Übernahme von Steuern, Versicherung, Reparaturen und Wartung, Kilometergeld, Benzinkosten, Möglichkeit unbeschränkter privater Nutzung
- Zuschuß zu Telefonkosten
- Dienst- oder Werkswohnung, geförderte Wohnung
- Hilfe bei der Wohnungsbeschaffung, Übernahme der Maklergebühren
- Übernahme der Umzugskosten
- Klären Sie, ob nur die reinen Umzugskosten erstattet werden oder ob ähnlich wie bei beamtenrechtlichen Regelungen auch *zusätzlich* entstehende Kosten (zum Beispiel neue Gardinen, Lampen, Elektroinstallation, Ummeldung des Kraftfahrzeuges u. ä.) übernommen werden!

Fragen zu Sozialleistungen

Die wichtigste Sozialleistung ist im allgemeinen die *betriebliche Altersversorgung.* Wenn Sie nach einer längeren Berufsausbildung oder nach einem Studium ihre erste Stelle antreten, versuchen Sie, diese auch dem Unternehmen zugute kommenden Vorbereitungszeiten – entsprechend den „anrechnungsfähigen Versicherungszeiten in der Angestelltenversicherung" – auf die Altersversorgung voll oder wenigstens teilweise angerechnet zu bekommen.

Haben Sie bereits in Ihrer bisherigen Stellung eine Versorgungs*zusage*, aber noch keinen unverfallbaren Versorgungs*anspruch* erworben, dann versuchen Sie zu erreichen, daß diese Zusage in irgendeiner Form von der neuen Firma übernommen oder angerechnet wird: Je nachdem, ob eine Pensionskasse, ein Unterstützungsverein oder eine sonstige Versorgungszusage oder Lebensversicherung bestand bzw. beim neuen Unternehmen vorliegen, sollten Sie über eine Anerkennung und Übernahme alter Rechte oder eine Anrechnung von Dienstjahren in Höhe Ihrer bisherigen Berufs- oder Versicherungsjahre verhandeln.

Weitere Fragen im Zusammenhang mit der Altersversorgung

- Höhe der voraussichtlichen Rente
- Berechnungsverfahren
- Anrechnung von Renten aus der Sozialversicherung, Gesamtversorgung
- Hinterbliebenenversorgung
- eigene Beiträge (Pensionskasse)

Weitere Sozialleistungen und Sozialeinrichtungen

- Gruppenunfallversicherung
- weitere sich in Geld bemessende Sozialleistungen zu besonderen Anlässen
- Betriebskrankenkasse
- Betriebskindergarten
- betriebliche Erholungsheime, Zuschüsse zum Urlaub, Zuschüsse zu Kuren
- Kantinenessen, Zuschüsse zum Mittagessen
- Fahrtkostenzuschuß
- Betriebssport
- kulturelle Einrichtungen
- Personalrabatt bei Käufen von Produkten des Unternehmens (besondere Bedeutung im Handel), Höhe des gewählten Rabatts

Fragen zur Weiterbildung, Förderung und Entwicklung

- Weiterbildungsprogramme des Betriebes
- Umschulungsprogramme
- Förderprogramme für Mitarbeiter, Führungsnachwuchs, Führungskräfte
- Trainee-Programme, Job-Rotation (umfangreiches Einarbeitungs- oder Förderungsprogramm für akademische Führungsnachwuchskräfte)
- Auslandseinsatz
- betriebliches Bildungszentrum
- Entsendung zu außerbetrieblichen Bildungsmaßnahmen
- Kostenübernahme, Stipendien, Zuschüsse
- innerbetriebliche Laufbahnen, Karrierepläne

Fragen zur wirtschaftlichen und finanziellen Lage des Unternehmens

Als neuer Mitarbeiter sind Sie vor allem daran interessiert, daß Ihr künftiger Arbeitgeber in der Lage sein wird, Ihr Gehalt pünktlich zu überweisen. Außerdem haben Sie auch ein Interesse daran, daß das Unternehmen mindestens so lange besteht und auch wirtschaftlich gesichert ist, wie Sie in ihm arbeiten wollen. Haben Sie die Zusage für eine Rente oder Pension, möchten Sie diese auch später ausgezahlt bekommen. Deshalb wollen Sie wissen, wie gesund, seriös, liquide und gut geführt das Unternehmen ist und welche *Zukunftsaussichten* bestehen.

So berechtigt Ihr Interesse an ausreichenden Informationen über die wirtschaftliche Lage des Unternehmens ist, so heikel ist Ihr Versuch, im Vorstellungsgespräch von Ihren Gesprächspartnern die nicht geschönte Wahrheit zu erfahren. In den seltensten Fällen können und werden die Vertreter des Unternehmens Ihnen die tatsächlichen Verhältnisse schildern. Wer will sich schon – vor allem noch im Stadium des Verhandelns – voll in die Karten sehen lassen? Versuchen Sie deshalb lieber bereits *vor* dem Vorstellungsgespräch, auf *andere* Weise Informationen über das Unternehmen zu sammeln! (Siehe Kapitel *„Wie beschaffen Sie sich als Bewerber Informationen über das Unternehmen?“)*

In *einem* Punkt haben die Gerichte allerdings Klarheit geschaffen: *„Hat ein Arbeitgeber Anlaß zu zweifeln, ob er in der Lage sein werde, die in absehbarer Zeit fälligen Löhne und Gehälter auszuzahlen, so muß er vor Abschluß neuer Arbeitsverträge die Bewerber auf diesen Umstand hinweisen, soweit er nicht seine Zahlungsschwierigkeiten als bekannt voraussetzen kann.“* Den Nachweis, daß der Arbeitgeber diese *Aufklärungspflicht* verletzt hat, muß jedoch der Arbeitnehmer erbringen. Der Arbeitgeber ist dann zum Schadensersatz verpflichtet. Die Frage ist nur, ob er hierzu noch imstande ist …

Zur wirtschaftlichen Situation können Sie fragen nach:

- Auftragslage, Steigerung, Stillstand, Rückgang
- Investitionspläne, Erweiterungsvorhaben, Rationalisierungsvorhaben
- Einschätzung der wirtschaftlichen Lage und Entwicklung
- wirtschaftliche Situation der Branche
- Chancen und Risiken, optimistische oder pessimistische Prognosen

Fragen zu Bedingungen des neuen Wohnsitzes

Vor der Wahl des *neuen Wohnsitzes* ist ein ganzes Fragebündel zu beantworten und sind verschiedene Gesichtspunkte zu berücksichtigen. Zum Beispiel ist es ein erheblicher Unterschied, ob Sie monatlich DM 5 000,– in einer Großstadt in Nordrhein-Westfalen oder in einer Kleinstadt in Franken zur Verfügung haben. Als Fachmann oder Spezialist müssen Sie überlegen, ob Sie in die

Provinz gehen sollen oder dorthin, wo Sie viele Kollegen antreffen und somit mehr Anregungen bekommen. Denken Sie bei der Wahl des neuen Arbeitsplatzes und Wohnsitzes vor allem auch an Ihre *Familie!*

Deshalb sind folgende Punkte wichtig:

- Lebenshaltungskosten, Preisniveau
- Wohnungsmarkt, Mieten, Baulandpreise
- Verkehrsverbindungen
- Einkaufsmöglichkeiten
- Schulen am Ort und in der Nähe, Fachschulen, Hochschulen
- kulturelle Möglichkeiten
- Freizeitwert, Umgebung, Klima
- medizinische Versorgung

Die bisher aufgelisteten Fragen und Stichworte dienen in erster Linie Ihrer *Informationsbeschaffung.* Auch mit solchen Fragen können Sie das Gespräch mitsteuern und beeinflussen; das ist aber nicht Ihr Hauptziel. Ihr Gesprächspartner kann aus der Art Ihrer Fragen und aus Ihren Formulierungen auch einige wichtige Rückschlüsse ziehen, zum Beispiel auf Ihr Interesse, Ihre Kenntnisse, Ihre Intelligenz oder Ihr Verhandlungsgeschick.

Andere Fragen können Sie mehr aus *taktischen* Gründen einsetzen:

- um Zeit (zum Nachdenken) zu gewinnen
- um vom Thema abzulenken oder das Thema ganz zu wechseln
- um die Gesprächsführung zu übernehmen
- um zu Wort zu kommen
- um auf sich aufmerksam zu machen
- um Interesse zu zeigen oder nur vorzuspiegeln
- um Ihr Wissen anzubringen

Was auch immer Sie gerade erreichen wollen: Häufig helfen Ihnen *gezielt* gestellte Fragen weiter. Denken Sie zum Beispiel an das *Streßinterview!* Mit Fragen ergreifen Sie die Initiative und zwingen den anderen zum „Produzieren“ von Gedanken und Antworten. Mit Fragen können Sie Ihre Überlegenheit (oder Unterlegenheit) dokumentieren. Mit Fragen können Sie signalisieren, daß Sie mitdenken, den Überblick haben, die Zusammenhänge erkennen, zustimmen oder ablehnen, glauben oder zweifeln, wenig oder gar nichts wissen. Es kommt nur auf den *richtigen* Einsatz der Fragen an!

Die Checkliste des Bewerbers

Sie erleichtern sich das Fragen und Verhandeln im Vorstellungsgespräch und die spätere Auswertung der Gesprächsergebnisse, wenn Sie sich eine *Checkliste* zusammenstellen. Diese Liste enthält in Stichworten alle Fragen, auf die Sie im Vorstellungsgespräch eine Antwort haben wollen.

Würden Sie alle denkbaren und eigentlich auch interessanten Fragen auflisten, ergäbe all das schnell mehrere Seiten. Vergleichen Sie nur die Aufzählung der Nebenleistungen im Kapitel *„Die Gehaltsfrage“!* Eine solch umfangreiche Liste wäre aber nicht praktikabel: Sie haben im Vorstellungsgespräch keine Zeit, alle Fragen zu stellen. Die Liste wäre auch so unübersichtlich, daß Sie während des Gesprächs kaum alle Informationen an der richtigen Stelle eintragen können.

Versuchen Sie deshalb, sich auf die für Ihre Entscheidung *unumgänglich notwendigen* Punkte zu beschränken! Stellen Sie sich eine auf Ihre Bedürfnisse und die angestrebte Position zugeschnittene Checkliste auf! Diese Liste sollte im wesentlichen diejenigen Punkte enthalten, die Sie später auch für Ihre *Gesprächsauswertung* brauchen.

Für einen Mitarbeiter im *Verkaufsaußendienst* könnte eine solche Checkliste so aussehen:

- Verkaufsbezirk (Größe, Kundenstamm)
- Produktionsprogramm
- Verkaufshilfen (Werbung, Geschenke, usw.)
- Grundgehalt
- Verkaufsprovision, Umsatzprovision
- sonstige Zahlungen
- Firmenfahrzeug, Kilometergeld
- Spesen (Tagessatz, Übernachtung, Telefon)
- Unfall-, Lebens-, Krankenversicherung
- Altersversorgung
- Urlaubsregelung
- frühester Arbeitsbeginn
- Wettbewerbsverbot

Je nach Branche und Dienststellung, aber auch nach persönlichen Informationswünschen können Sie Ihre Checkliste noch knapper, aber auch erheblich umfangreicher gestalten. Eine größere Zahl von Informationen kann Ihnen zu einem besseren Durchblick verhelfen, andererseits aber auch Ihre Entscheidung erschweren.

Das Fragerecht des künftigen Arbeitgebers und die Auskunftspflicht des Bewerbers

Mit dem Vorstellungsgespräch und dem Eintritt in Vorverhandlungen zum Abschluß eines Arbeitsvertrages beginnt ein *„vertragsähnliches Vertrauensverhältnis"*. Daraus ergibt sich, daß der Bewerber außer seinen Aussagen zu seiner fachlichen Eignung auch alle sonstigen für das Arbeitsverhältnis wichtigen Angaben *wahrheitsgetreu* machen muß. Das bedeutet aber nicht, daß der Bewerber alle persönlichen Verhältnisse schrankenlos offenbaren muß. Die Grenze wird durch die Erfordernisse der angestrebten Position bestimmt. Als Beispiele für das Vorliegen einer *Offenbarungspflicht* werden häufig angeführt: der Kassierer, der früher einmal in die Kasse gegriffen hat, der Kraftfahrer, der ein Verkehrsdelikt begangen hat, oder die Tänzerin mit einer bestehenden Schwangerschaft.

Die Diskussion darüber, *wieweit* ein Bewerber unaufgefordert oder aufgefordert die Wahrheit sagen muß, entzündet sich an folgenden Punkten:

Höhe des Gehalts

Mancher Bewerber gerät in Versuchung, sein bisheriges Gehalt *überhöht* anzugeben, um dadurch ein möglichst hohes künftiges Gehalt zu erzielen. Hierzu hat das Landesarbeitsgericht Düsseldorf entschieden: *„Die vorsätzlich falsche Angabe des bisher bezogenen Gehaltes in der Absicht, dadurch eine höhere Gehaltszulage zu erreichen, berechtigt zur Anfechtung des Arbeitsverhältnisses wegen arglistiger Täuschung."*

Da bei einem Stellenwechsel im Laufe eines Kalenderjahres die Lohnsteuerkarte mit den entsprechenden Eintragungen abgegeben werden muß, kommt spätestens dann der Schwindel heraus. Findet der Wechsel zum 01.01. eines Jahres statt, gibt der Bewerber zwar eine eintragungsfreie Steuerkarte ab; er muß aber damit rechnen, daß der künftige Arbeitgeber sich bei dem bisherigen erkundigt, falls ihm die angegebene Gehaltshöhe doch allzu unglaubwürdig erscheint.

Gesundheitszustand

Das Interesse des Arbeitgebers, einen *gesunden* Mitarbeiter zu gewinnen, der auch künftig möglichst selten krank wird, ist verständlich. Noch mehr muß man ihm zubilligen, daß er keinen Mitarbeiter einstellen will, der wegen seines Gesundheitszustandes den Anforderungen des Arbeitsplatzes *generell* nicht gewachsen ist oder der häufig wegen Krankheit ausfällt.

Aus dem »vertragsähnlichen Vertrauensverhältnis« ergibt sich, daß der Bewerber solche Krankheiten, Verletzungen oder Beschädigungen angeben muß, die *von vornherein* erwarten lassen, daß er aus gesundheitlichen Gründen die künftigen Arbeiten voraussichtlich nicht ohne Ausfälle oder Einschränkungen wird erledigen können. Dies können zum Beispiel Hirn- oder Kreislaufschäden sein, die den Einsatz bei anstrengenden Tätigkeiten einschränken, oder Allergien, die den Umgang mit bestimmten Stoffen (Chemikalien, Stäuben, Tierhaaren) nicht zulassen. Rheumatische Erkrankungen, dauerhafte Unfallfolgen oder chronische Erkrankungen sind ebenfalls anzugeben, wenn der Bewerber erkennen muß, daß sie seinen künftigen Einsatz stark beeinträchtigen. Dem Bewerber kann als medizinischem Laien aber nicht abverlangt werden, daß er Prognosen über seine künftige Arbeitsfähigkeit abgibt.
Der Arbeitgeber kann allerdings erwarten, daß der Bewerber eine *im Augenblick* bestehende Arbeitsunfähigkeit angibt. Ebenso muß der Bewerber darauf hinweisen, falls er als Bazillenausscheider eine Infektionsgefahr für andere Mitarbeiter darstellt.
Fast alle Großbetriebe und auch viele Mittelbetriebe beschränken sich deshalb nicht darauf, im Vorstellungsgespräch nach dem Gesundheitszustand zu fragen. Sie bitten den Bewerber, sich auf Firmenkosten von einem ausgewählten fachkundigen Arzt (eventuell dem Betriebsarzt oder einem Vertrauensarzt) untersuchen zu lassen. Zugleich lassen sie sich vom Bewerber die Erklärung geben, daß er den Arzt von der Schweigepflicht im Hinblick auf die Frage einer dauernden Einsatzfähigkeit am Arbeitsplatz entbindet.

Schwangerschaft

Eine Bewerberin muß die Frage nach einer *Schwangerschaft* wahrheitsgemäß beantworten. Verneint sie wahrheitswidrig bei den Einstellungsverhandlungen die – in angemessener Form gestellte – Frage, ob eine Schwangerschaft bestehe, so kann der Arbeitgeber den Arbeitsvertrag nach § 123 BGB anfechten. Allerdings muß der Arbeitgeber den Beweis antreten, daß die Bewerberin zum Zeitpunkt des Vorstellungsgesprächs *sichere* Kenntnis von ihrer Schwangerschaft hatte. Dies dürfte in manchen Fällen schwierig oder sogar unmöglich sein.

Vorstrafen

Die Frage nach *Vorstrafen* ist zulässig; der Arbeitgeber kann aber nur dann ein berechtigtes Interesse geltend machen, wenn er nach *einschlägigen* Vorstrafen fragt. So ist ihm beispielsweise zuzubilligen, daß er erfahren möchte, ob ein Kassierer in die Kasse gegriffen, ein Verkäufer Ware gestohlen, ein Buchhalter sich einer Unterschlagung schuldig gemacht hat oder ob ein Kraftfahrer im Verkehr straffällig geworden ist. Sein berechtigtes Interesse hört dort auf, wo die Vorstrafe in keiner Beziehung zu der angebotenen Stelle steht. So spielt ein

Verkehrsdelikt bei einer Verkäuferin oder die Unterschlagung bei einem Verladearbeiter keine entscheidende Rolle. Gibt ein Bewerber eine *nicht* einschlägige Vorstrafe auf Befragen nicht an, so liegt auch keine „arglistige Täuschung" nach § 123 BGB vor. Der Arbeitsvertrag kann vom Arbeitgeber daher nicht aus diesem Grunde angefochten werden.

Das Bundesarbeitsgericht stellte in diesem Zusammenhang fest, daß es unzulässig sei, einen Vorbestraften, der sich redlich um einen Arbeitsplatz bemühe, durch uneingeschränktes Befragen in Gewissenskonflikte zu stürzen und ihm damit die Resozialisierung zu erschweren. Wenn ein Arbeitgeber ohne sinnvolle Beschränkung auf das für den Arbeitsplatz wichtige Strafrechtsgebiet den Bewerber fragt, so stellt dessen *wahrheitswidrige* Antwort auf eine unzulässige Frage auch *keine* arglistige Täuschung dar.

Viele Unternehmen sichern sich dadurch ab, daß sie den Bewerber bitten, ein polizeiliches Führungszeugnis vorzulegen.

Gewerkschaftszugehörigkeit

Die Frage nach der *Gewerkschaftszugehörigkeit* ist ebenso wie die Frage nach der *politischen Einstellung* unzulässig. Nur wenn es darum geht, die Zugehörigkeit zu einem Tarif festzustellen, oder wenn der Betrieb Gewerkschaftsbeiträge einbehält und an eine Gewerkschaft abführt, kann *ausnahmsweise* danach gefragt werden. Dies darf aber auf keinen Fall geschehen, um einen solchen Bewerber von der Einstellung auszuschließen.

Indiskrete Fragen

Indiskrete Fragen, die als Eindringen in die persönliche Sphäre des Bewerbers anzusehen sind, sind *unzulässig.* Hat der Arbeitgeber bei einzelnen Fragen kein Recht auf eine Antwort, dann kann der Bewerber die Antwort verweigern, oder er darf sogar falsch antworten.

Wie Sie als Bewerber auf indiskrete oder unzulässige Fragen reagieren, bleibt Ihnen überlassen. Sie können sich strikt weigern und sich dabei auf die Rechtssprechung berufen. Sie können auch freundlich und bestimmt sagen, daß Sie keine Antwort geben wollten. Schließlich können Sie die Fragen auch überhören oder sie diplomatisch, aber nichtssagend beantworten. Wie Sie sich im konkreten Fall verhalten, hängt sicher vom bisherigen Gesprächsverlauf und von dem Ziel ab, das Sie anstreben.

Schwindeln ist gefährlich

Mit Ihrer Bewerbung geben Sie in der Regel ein *bindendes Vertragsangebot* ab. Deshalb müssen Ihre Angaben im Bewerbungsschreiben, im Lebenslauf und in den übrigen Unterlagen wohlüberlegt, richtig und wahr sein. *Falsche* Angaben oder Übertreibungen können nämlich dazu führen, daß der Arbeitgeber den Arbeitsvertrag später wegen arglistiger Täuschung anficht. Aber auch wenn es nicht so weit kommen sollte, besteht zumindest die Gefahr, daß die Glaubwürdigkeit des Bewerbers erschüttert wird und daß das für eine gedeihliche Zusammenarbeit notwendige Vertrauen leidet.

Falsche Angaben zu machen ist, insbesondere wenn es sich um nachprüfbare Tatsachen handelt, *sträflich leichtsinnig.* Dies gilt zum Beispiel für persönliche Daten, für Prüfungen und Titel oder für die Stationen des beruflichen Werdegangs, die durch Zeugnisse belegt sind. Auch überhöhte Angaben des bisherigen Gehalts (um ein höheres künftiges Gehalt zu erzielen) sind – wie bereits erwähnt – gefährlich. Spätestens wenn die Lohnsteuerkarte beim neuen Arbeitgeber abgegeben wird, kommt der Schwindel heraus …

Übertreibungen bei der Darstellung der eigenen Kenntnisse, Erfahrungen und Fähigkeiten werden da noch eher verziehen. Schließlich verleitet manche Stellenanzeige mit ihren überzogenen Forderungen dazu, auch in der Werbung für sich selbst etwas dicker aufzutragen. Erfüllen Sie dann später die Anforderungen der Stelle, wird Ihnen wohl kaum jemand Ihre Schwindeleien nachtragen. Anders sieht es aus, wenn Sie später *nicht* halten können, was Sie bei der Bewerbung großzügig oder leichtsinnig versprochen haben. Ihre künftigen Leistungen werden an Ihren Versprechungen gemessen. Enttäuschen Sie die Erwartungen, überstehen Sie eventuell schon die Probezeit nicht.

Besonders kritisch wird es, wenn Sie *gezielte* Fragen im Personalbogen oder im Vorstellungsgespräch falsch beantworten. In schwerwiegenden Fällen kann dies sogar zu einer fristlosen Kündigung durch den Arbeitgeber führen.

Verwickeln Sie sich auch in Ihren Aussagen nicht in *Widersprüche.* Achten Sie darauf, daß die Angaben in Ihren Bewerbungsunterlagen und in Ihrer mündlichen Aussage im Vorstellungsgespräch inhaltlich übereinstimmen.

Besonders wenn Sie schwindeln, brauchen Sie ein gutes Gedächtnis … Ihr künftiger Arbeitgeber speichert Ihre Aussagen dauerhaft in Ihrer Personalakte. (Sie dürfen allerdings auch selbst jederzeit Einsicht in diese nehmen.)

In manchen Fällen gibt es keine *objektive Wahrheit,* sondern nur verschiedene

Sichtweisen eines Sachverhaltes. Dann können Sie durchaus Ihre *subjektive Sicht* der Dinge schildern. Diese Darstellung sollte aber auf jeden Fall plausibel sein und darf keinen Zweifel aufkommen lassen. Überprüfen Sie deshalb alle Ihre Aussagen auf *Glaubwürdigkeit!*

Die Dauer des Vorstellungsgesprächs

Für die *Dauer* eines Vorstellungsgesprächs gibt es *keine Regeln oder Normen.* Sie können aber davon ausgehen, daß ein solches Gespräch um so länger dauert, je qualifizierter ein Bewerber ist und je höher seine Position eingestuft wird.

Grundsätzlich sollte ein Vorstellungsgespräch so lange dauern, bis das Unternehmen alle notwendigen Informationen von dem Bewerber erhalten hat und bis seine Gesprächspartner den Eindruck gewonnen haben, eine *fundierte* Entscheidung – für oder gegen den Bewerber – treffen zu können. Außerdem braucht der Interviewer eine gewisse Zeit, das Unternehmen und den Arbeitsplatz darzustellen und zu „verkaufen". Schließlich muß der Bewerber auch noch genügend Zeit zur Selbstdarstellung und für Fragen bekommen.

Aus allen erwähnten Zielen und Erfordernissen kann sich leicht eine Gesprächsdauer von *einigen Stunden* ergeben. Manche Vorstellungsgespräche dauern sogar einen *ganzen Tag.* Das gilt vor allem, wenn nacheinander mehrere Führungskräfte des Unternehmens daran beteiligt sind und wenn ein umfangreicher Arbeitsvertrag ausgehandelt wird. Als Bewerber sollten Sie in solchen Fällen vorsichtshalber lieber eine *Zeitreserve* einplanen.

Vorstellungsgespräche, in denen Kandidaten für *gehobene* Positionen ausgewählt werden, finden häufig »in zwei Raten« statt. Auf ein erstes Vorstellungsgespräch, das der Vorentscheidung dient, folgt einige Zeit später eine *zweite* Unterredung. Dann werden die letzten Unklarheiten beseitigt und die Vertragsbedingungen festgeschrieben (siehe auch *„Ein zweites Vorstellungsgespräch")*.

Da für die Zukunft beider Seiten oft viel von einer richtigen oder falschen Entscheidung abhängt, ist die in ein Vorstellungsgespräch investierte Zeit gut angelegt. Eine *Fehlentscheidung* kann bei einem Spezialisten oder einer Führungskraft rasch zu einem Verlust für das Unternehmen führen, der sich auf eine sechsstellige Summe beläuft. Ein Bewerber andererseits kann durch eine falsche Stellenwahl einen Einbruch in seiner beruflichen Laufbahn erleiden, der vielleicht nie wieder auszugleichen ist.

Die Dauer des Vorstellungsgesprächs bestimmen in erster Linie die *Vertreter der Unternehmensseite.* Sie planen bereits vorher eine gewisse Zeit dafür ein und versuchen, diese einzuhalten.

Aber auch als *Bewerber* haben Sie Einfluß auf die Länge des Gesprächs. Vielleicht gelingt es Ihnen durch viele Fragen, durch geschickte Beschreibung Ihrer Kenntnisse und Fähigkeiten und durch eine interessante und fesselnde Darstellung, die von Ihren Partnern vorgesehene Zeit erheblich zu überziehen. Haben dagegen Ihre Gesprächspartner den Eindruck, daß Sie nicht der geeignete Kandidat sind, werden sie versuchen, das Gespräch möglichst elegant vorzeitig zu beenden. In seltenen Fällen brechen sie es ziemlich plötzlich ab. Meist sagen sie dabei dem Bewerber nicht, woran er ist, sondern sie finden einige unverbindliche Dankesworte für das „aufschlußreiche Gespräch".

Als Bewerber können Sie ebenfalls das Gespräch früh beenden, wenn Ihnen klar wird, daß Sie an der Stelle und der Mitarbeit im Unternehmen nicht (mehr) interessiert sind. Führen Sie das Gespräch lieber *dennoch* weiter, bis Sie zumindest wissen, was man Ihnen alles bieten will! Auf diese Weise lernen Sie Ihren *Marktwert* kennen. Außerdem gewinnen Sie *Erfahrungen* für weitere Bewerbungen.

Für den Bewerber ist die Dauer des Vorstellungsgesprächs ein gewisser Maßstab, wie wichtig das Unternehmen die Position einschätzt und welches Interesse man ihm entgegenbringt. Erscheint das Vorstellungsgespräch im Verhältnis zur Bedeutung der Stelle zu kurz, dann ist dies ein ziemlich sicheres Zeichen dafür, daß er als Kandidat sein Ziel *nicht* erreicht hat. Beschäftigt man sich mit Ihm hinreichend lange und ausführlich, hat er zumindest das gute Gefühl, wichtig genommen worden zu sein.

Kennenlernen der Kollegen und des künftigen Arbeitsplatzes

Vergessen Sie über einem günstigen finanziellen Angebot und interessanten Nebenleistungen nicht, daß Sie in dem Unternehmen täglich mindestens siebeneinhalb oder auch weitaus mehr Stunden arbeiten müssen! Es dürfte Ihnen deshalb nicht gleichgültig sein, wie Ihr Arbeitsplatz aussieht, welche *Arbeitsbedingungen* dort herrschen und mit welchen Kollegen und Vorgesetzten Sie zusammenarbeiten müssen. Was nützen zum Beispiel beste Entwicklungsmöglichkeiten und Aufstiegschancen, wenn Sie es an Ihrem neuen Arbeitsplatz wegen eines miserablen *Betriebsklimas* nur kurze Zeit aushalten? Oder ist eine überdurchschnittliche Bezahlung ein angemessener Ausgleich für einen gesundheitsgefährdenden Arbeitsplatz?

Bitten Sie deshalb darum – und bestehen Sie notfalls darauf –, Ihren künftigen *Arbeitsplatz* besichtigen und Ihre *Kollegen* kennenlernen zu dürfen! Wenn man Ihnen dies mit fadenscheinigen Begründungen abschlägt, sollten Sie mißtrauisch werden. Vielleicht will man Ihnen zu diesem Zeitpunkt etwas verbergen, weil man fürchtet, Sie würden den Arbeitsvertrag nicht unterschreiben, wenn Sie den rauhen Betriebsalltag schon während des Vorstellungsgesprächs kennenlernen.

Sie sollten bei der Begegnung mit den Kollegen und der Besichtigung des künftigen Arbeitsplatzes vor allem folgende Punkte beachten:

Die Haltung und das Verhalten der Mitarbeiter und der Vorgesetzten

- Wie begrüßt man Sie, und wie nimmt man von Ihnen Notiz?
- Ist man zu Ihnen freundlich und aufgeschlossen oder eher unfreundlich und desinteressiert?
- Wie verhalten sich die Mitarbeiter untereinander und gegenüber ihren Vorgesetzten, und wie verhalten sich die Vorgesetzten?
- Welcher Ton herrscht unter den Kollegen?

Von Ihren Beziehungen zu Ihren Arbeitskollegen hängt schließlich Ihr *Wohlbefinden*, Ihre *Arbeitsfreude* und Ihr *Leistungsvermögen* ab. Das wirkt sich auf Ihren beruflichen Erfolg und auch auf Ihr Privatleben aus. Versuchen Sie deshalb herauszufinden, ob Sie sich im Kreise dieser Kollegen wohl fühlen könnten!

Das „Klima" in der Abteilung

Versuchen Sie mit Ihren künftigen *Kollegen* ins Gespräch zu kommen! Vielleicht gelingt es Ihnen dabei herauszuhören, wie zufrieden oder gar begeistert diese von ihrer Arbeit, dem Unternehmen, den Produkten, der geschäftlichen Entwicklung, den Kollegen und Vorgesetzten, dem Arbeitsklima und anderen Dingen sprechen. Vorsicht ist geboten, wenn sich durch ihre Äußerungen wie ein roter Faden eine negative Einstellung zieht. Sind die Stimmung und das Betriebsklima schlecht, dürften auch Sie dort kaum zu einem zufriedenen Mitarbeiter werden.

Sprechen Sie Ihren künftigen *Vorgesetzten* auf besondere Probleme mit seinen Mitarbeitern an! Klagt er daraufhin über geringe Arbeitsmoral, hohe Fehlzeiten und starke Fluktuation, können Sie ziemlich sicher sein, daß mit seinem Führungsverhalten, den Arbeitsbedingungen oder dem Betriebsklima etwas nicht in Ordnung ist.

Das Arbeitstempo

Beobachten Sie, wie die Mitarbeiter dort arbeiten, und in welchem Tempo zum Beispiel die Bänder und Maschinen laufen oder die Büroarbeit erledigt wird! Halten Sie das *Arbeitstempo* – auch über längere Zeit hinweg – für angemessen? Wird offensichtlich zu schnell gearbeitet oder aber gebummelt? Beides dürfte für Sie auf Dauer unbefriedigend sein.

Für das „richtige" Arbeitstempo gibt es kaum objektive Maßstäbe, sondern überwiegend subjektive Einschätzungen. Was dem einen normal oder angenehm erscheint, bedeutet für einen anderen bereits Hetze und Streß. Herrscht aber eine jedermann erkennbare Hektik oder bewegen sich die Mitarbeiter wie bei einem Bummelstreik, sollten Sie vorsichtig sein. Hier liegen vermutlich Fehler in der Führung oder in der Arbeitsorganisation vor, die sich letztlich auch auf die allgemeine Stimmung auswirken. Beobachten Sie deshalb die Arbeitsabläufe genau, und fragen Sie sich, ob hier ein Arbeitstempo vorherrscht, das Ihnen grundsätzlich zusagt oder nicht!

Die Arbeitsbedingungen

Auch hier gelten nur zum Teil *objektive,* zum großen Teil aber sehr *subjektive* Maßstäbe. Einige *Einflüsse* und *Störungen* sind meßbar. Aber auch sie werden von den einzelnen als unterschiedlich unangenehm empfunden. Hierzu gehören zum Beispiel Lärm, Feuchtigkeit, Zugluft, schlechte Lüftung oder Beleuchtung sowie unangenehme Gerüche. Auch *andere Arbeitsbedingungen* werden unterschiedlich bewertet. Der eine arbeitet gern im Freien, auch wenn das Wetter bisweilen schlecht ist. Der andere bevorzugt klimatisierte Räume. Der eine möchte gern allein oder in einem Zwei-Personen-Büro arbeiten; der andere fühlt sich am wohlsten unter vielen Kollegen und stört sich deshalb nicht an einem Großraumbüro. Ein weiteres wichtiges Entscheidungskriterium könnten in einem Produktionsbetrieb auch die *Unfallgefahren* sein. Manche Unfall- oder Gesundheitsgefahren können Sie zwar nicht unmittelbar erkennen, aber eventuell doch erahnen: offenbar gefährliche Maschinen oder Werkzeuge, Explosionsgefahr und Feuergefahr, auffällig viele Hinweise auf besondere Gefährdungen, die aufgehängte Unfallstatistik, die eine hohe Unfallquote ausweist. Wenn Ihnen das Unfall- oder Gesundheitsrisiko zu hoch erscheint, sollten Sie die Stelle *nicht* annehmen!

Nach all dem bisher Gesagten sollten Sie den folgenden Rat beherzigen: Halten Sie bei einem Besuch an Ihrem künftigen Arbeitsplatz die Augen und Ohren weit offen! Je mehr Positives Sie sehen und hören, desto mehr spricht für Ihren Eintritt in dieses Unternehmen. Je mehr negative Punkte Sie registrieren, desto gründlicher sollten Sie sich überlegen, ob Sie hier *wirklich* arbeiten möchten.

Ein zweites Vorstellungsgespräch

In der Mehrzahl aller Bewerbungsfälle begnügen sich die Unternehmen mit *einem* Vorstellungsgespräch. Sie glauben, sich innerhalb weniger Stunden ein hinreichendes Bild von den Bewerbern machen zu können. Außerdem vertrauen Sie auf die *Probezeit,* in der sie weitere Klarheit über den neuen Mitarbeiter gewinnen.

Beim Besetzen gehobener Positionen mit qualifizierten Spezialisten oder Führungskräften nehmen sich viele Firmen jedoch mehr Zeit. Sie führen längere, ausführlichere Gespräche und beziehen auch mehr eigene Führungskräfte in den Auswahlprozeß mit ein. Für ein *solches* Auswahlverfahren reicht oft *ein* Vorstellungsgespräch nicht. Es finden zwei oder sogar noch mehr Unterredungen statt. Das *erste* Gespräch dient dann einem ersten gegenseitigen Kennenlernen und Abtasten. Es werden Informationen ausgetauscht, die beiderseitigen Vorstellungen abgeklärt und der Vertragsrahmen abgesteckt. Vor allem aber versucht das Unternehmen herauszufinden, welche der in die engere Wahl gezogenen Kandidaten tatsächlich den Anforderungen entsprechen. Wer übrig bleibt, ist *„engste Wahl“* und wird zu einem zweiten Gespräch gebeten.

Wenn Sie zu einem *zweiten* Termin eingeladen werden, treten die Verhandlungen mit Ihrem potentiellen Arbeitgeber in die *entscheidende Phase.* Es wäre deshalb für Sie nützlich zu wissen, welche Ziele das Unternehmen mit diesem zweiten Vorstellungsgespräch verfolgt und was Sie dabei erwartet. Mehrere Möglichkeiten sind denkbar:

- Das Unternehmen hat sich bereits definitiv für Sie entschieden. Es sollen nur noch Einzelheiten der künftigen Zusammenarbeit besprochen, das Eintrittsdatum festgelegt und der Arbeitsvertrag in allen Einzelheiten ausgehandelt werden.

Dies ist für Sie der *günstigste* Fall. Sie brauchen sich nur noch auf den Inhalt des Arbeitsvertrages zu konzentrieren und können gelöst und entspannt verhandeln.

- Das Unternehmen hat sich bereits *weitgehend* für Sie entschieden. Sie sollen aber noch einem höheren Vorgesetzten (zum Beispiel dem Chef des Ressorts, in dem Sie tätig werden sollen, einem Geschäftsleitungs- oder Vorstandsmitglied oder dem Inhaber) vorgestellt werden. Dieser trifft dann die letzte Entscheidung. Fällt diese für Sie positiv aus, folgen die endgültigen Vertragsverhandlungen.

Auch in diesem Fall ist für Sie bereits *fast* alles gelaufen. Wenn Sie im Gespräch mit dem höheren Vorgesetzten keine schwerwiegenden Fehler machen, wird sich dieser der Entscheidung Ihres Gesprächspartners anschließen. Im allgemeinen vertraut er der größeren Sachkompetenz seiner Mitarbeiter.

Nehmen Sie dennoch das zweite Vorstellungsgespräch nicht auf die leichte Schulter, und bereiten Sie sich gut vor! Da sich Ihre bisherigen Gesprächspartner bereits für Sie entschieden haben, sind sie sicher stark daran interessiert, daß Sie dieses Gespräch gut bestehen. Sie sind deshalb Ihre natürlichen *Bundesgenossen.* Fragen Sie diese ruhig nach dem Ziel des Gesprächs! Lassen Sie sich von ihnen einige Ratschläge und Tips geben, wie Sie Ihrem neuen Gesprächspartner begegnen sollen! Erkundigen Sie sich, worauf er besonderen Wert legt, wie man ihn am besten anspricht und was man auf jeden Fall vermeiden sollte!

Treten Sie diesem Vorgesetzten, auch wenn er mehrere Stufen über Ihnen angesiedelt sein sollte, möglichst natürlich und ungezwungen, freundlich und höflich entgegen! Sprechen Sie laut, deutlich und ohne Hemmungen! Hüten Sie sich jedoch vor langatmigen und weitschweifigen Ausführungen! Höhere Führungskräfte haben meist einen vollen Terminkalender und wenig Zeit. Sie sind auch häufig schlechte Zuhörer. Versuchen Sie deshalb, Ihren Gesprächspartner zum Reden zu bringen! Hören Sie aktiv zu, und bestätigen Sie seine Ausführungen! Wichtig ist vor allem, daß er Sie sympathisch findet. Sollte er Ihnen fachlich auf den Zahn fühlen, müssen Sie natürlich auch hier Rede und Antwort stehen. Da Sie bereits im ersten Vorstellungsgespräch über das Fachgebiet gesprochen haben, wissen Sie ja, worauf es dem Unternehmen hauptsächlich ankommt.

- Das Unternehmen hat Sie *und* einige andere Mitbewerber in die *engste Wahl* gezogen. Im zweiten Vorstellungsgespräch soll nun der am besten geeignete Kandidat ermittelt werden. Als Ge-

sprächspartner können dieselben Personen auftreten wie im ersten Vorstellungsgespräch. Vielleicht beteiligen sich auch weitere Führungskräfte am Gespräch.
Jetzt wird der Wettbewerb um die Stelle härter; denn Sie konkurrieren mit Ihren stärksten Rivalen. Da Ihre Mitbewerber vermutlich *gleich* qualifiziert sind wie Sie, sollten Sie überlegen, worin Ihre besonderen Stärken liegen, vor allem, wo Sie *stärker* sein könnten als die anderen. Versuchen Sie zum einen, auf der menschlichen Ebene zu überzeugen, und zum anderen, *zusätzlichen Nutzen* zu bieten! (Siehe auch das Kapitel *„Welchen Nutzen kann der Bewerber dem Unternehmen bieten?“)*

Der Wettbewerb kann sich auch bei den *Gehaltsverhandlungen* fortsetzen. Da Sie nicht wissen, ein wie hohes Gehalt die anderen fordern, müssen Sie hier geschickt taktieren. Vielleicht gelingt es Ihnen, von Ihren Gesprächspartnern zu erfahren, welche Bandbreite oder welche Obergrenze sie für das Gehalt angesetzt haben. Versuchen Sie aber nicht, durch Unterbieten Ihrer Mitbewerber die Stelle zu bekommen! Es zahlt sich nur selten aus, den „billigen Jakob“ zu spielen und sich unter Marktwert anzubieten. Von einem guten Mitarbeiter erwartet man, daß er auch seinen *angemessenen Preis* hat. Bleiben Sie deshalb bei den Gehaltswünschen, die Sie im ersten Vorstellungsgespräch geäußert haben! Auch für das zweite Gespräch gelten die im Kapitel *„Die Gehaltsfrage“* angestellten Überlegungen.
Einen Vorteil hat die zweite Unterredung auf jeden Fall: Sie kennen die Atmosphäre und die Gepflogenheiten des Unternehmens bereits ein wenig. Auch Ihre Gesprächspartner sind für Sie keine Unbekannten mehr. Sie können sich deshalb vor Ihrem zweiten Auftritt *viel gezielter* auf das Gespräch vorbereiten. Das müßte Ihre Sicherheit eigentlich erhöhen!

Ende gut – alles gut?

Wer als Bewerber seine stärksten Argumente und seinen Charme für den *Schluß* des Vorstellungsgesprächs aufhebt, um mit einem meisterhaften „Feuerwerk“ noch einmal viele Pluspunkte zu sammeln und einen nachhaltigen Eindruck zu hinterlassen, verschießt sein Pulver zu spät. Mit einem furiosen Schlußspurt gewinnt man ein bereits auf den ersten Metern verbummeltes Rennen nur höchst selten.

Ein Bewerber tut besser daran, am *Anfang* des Gesprächs zu glänzen und sich sofort von seiner besten Seite zu zeigen. Verkaufen Sie sich zu Beginn gut! Nutzen Sie die Wirkung eines positiven ersten Eindrucks und schwimmen Sie auf der einmal entstandenen Woge der Sympathie durch das ganze Vorstellungsgespräch. Auch dessen Ende verläuft dann sicher harmonisch und erfreulich.

Ist damit aber für Sie schon alles gewonnen? Haben Sie Ihr Gesprächsziel auch erreicht?

Wenn Sie gar nicht ernsthaft versuchen, die Stelle zu bekommen, sondern nur Ihren Marktwert testen wollen, genügt als Erfolg sicher ein erfreuliches Gesprächsende. Wenn aber Ihr Ziel *die neue Stelle* ist – was meistens der Fall sein dürfte –, dann können Sie erst dann von einem guten Ende sprechen, wenn Sie den von beiden Seiten unterschriebenen Arbeitsvertrag in den Händen halten. Diesen Vertrag bekommen Sie aber häufig noch nicht am Ende des Vorstellungsgesprächs vorgelegt. Wenn nämlich mehrere Kandidaten in der engeren Wahl waren, will der Stellenanbieter erst alle kennenlernen, bevor er sich für einen entscheidet. Kommen nach Ihnen noch weitere Bewerber, müssen Sie sich wohl oder übel gedulden, bis sich auch diese vorgestellt haben. Erst dann wird er seine Wahl treffen. Ihnen bleibt am Ende des Vorstellungsgesprächs nur die *Hoffnung,* der glückliche Sieger zu werden.

Manchmal merken Sie bereits *während* der Unterredung, ob Sie gut oder chancenlos im Rennen liegen. Sie können es vielleicht am Ton Ihrer Gesprächspartner, an ihrer Aufmerksamkeit, an ihren Fragen und Ausführungen erkennen. Vermutlich haben Sie ohnehin ein ungutes Gefühl, wenn sich im Gespräch herausstellt, daß Ihnen einige der geforderten Qualifikationen fehlen, oder wenn zwischen Ihnen und Ihren Gesprächspartnern kein Funke überspringt. Kommt das Gesprächsende dann auch noch unverhofft und verabschiedet man Sie ohne konkretes Angebot, dann brauchen Sie sich kaum mehr Hoffnung zu machen.

Aber auch *wenn* Sie zu einem guten Gesprächsende kommen und *wenn* Sie

alle Vertragspunkte zu Ihrer Zufriedenheit ausgehandelt haben, ist für Sie noch nichts *endgültig* gewonnen – denn vielleicht sind noch andere im Rennen.
Sicher werden sich Ihre Gesprächspartner als höfliche Menschen freundlich für Ihr Kommen und das interessante Gespräch bedanken. Sie werden auch fragen, ob Sie tatsächlich zu den ausgehandelten Bedingungen an der Stelle interessiert seien. Und sie werden vielleicht noch hinzufügen, daß sie sich Ihre Mitarbeit gut vorstellen könnten und daß sie sich freuen würden, wenn es zu einem für beide Seiten erfreulichen Abschluß kommen würde. Nur müßten sie zunächst noch die übrigen Bewerber kennenlernen und sich ein endgültiges Bild machen. Erst dann könnten sie sich entscheiden. Dafür hätten Sie doch sicher Verständnis. Wahrscheinlich wollten auch Sie noch einmal gründlich über alles nachdenken.
Ob Sie eine solche Verabschiedung bereits als *halbe Zusage* oder eher als *verklausulierte Absage* betrachten, bleibt Ihnen überlassen. Wahrscheinlich ist noch alles offen, und Sie können nach wie vor hoffen. Vielleicht ist aber auch schon eine Vorentscheidung gegen Sie gefallen. Schon unter den Bewerbern, die vor Ihnen antraten, *könnte* ein stärkerer Kandidat gewesen sein. Der Bessere kann auch noch *nach* Ihnen kommen. Das erhofft sich zumindest der Stellenanbieter. Machen Sie sich deshalb mit dem Gedanken vertraut, daß Sie anstatt auf dem erhofften Platz 1 auch auf Platz 2 oder 3 der Rangliste, vielleicht aber auch hoffnungslos abgeschlagen weiter hinten rangieren!
Auf den weiteren Fortgang haben Sie keinen Einfluß mehr. Das Unternehmen wird versuchen, einen vor Ihnen liegenden Bewerber unter Vertrag zu nehmen. Nur wenn dieser absagt, haben Sie wieder eine Chance. Vielleicht bietet man Ihnen dann einen Vertrag an, oder man inseriert ein zweites Mal.
Schwierig kann es für Sie auch werden, wenn Sie am Ende des Gesprächs einen Vertrag angeboten bekommen und *sofort* um Ihre Unterschrift gebeten werden. Wenn Sie noch keine Zusage geben wollen, weil Sie sich auch auf andere Stellenangebote beworben haben und noch nicht wissen, wie die übrigen Verhandlungen ausgehen werden, müssen Sie sich eine *Bedenkzeit* ausbitten. Wägen Sie dabei Chancen und Risiken gut ab! Vielleicht akzeptiert Ihr Gesprächspartner Ihren Wunsch. Vielleicht ist er auch enttäuscht und nimmt in der Zwischenzeit Verhandlungen mit anderen Kandidaten auf. Wenn Sie sich schließlich *für* ihn entschieden haben, hat er längst jemand anderen vorgezogen.
Als Begründung für Ihren Wunsch nach Bedenkzeit können Sie ehrlich sagen, daß Sie auch noch andere Bewerbungen laufen haben. Vielleicht haben Sie dies ohnehin bereits während des Gesprächs erwähnt. Man wird hierfür insbesondere dann Verständnis haben, wenn Sie als Berufsanfänger Ihre erste Stelle suchen. Niemand erwartet, daß Sie in dieser Phase alles auf eine Karte setzen, nur ein Eisen im Feuer haben. Auch wenn

Sie als Spezialist einen guten Namen und einen hohen Marktwert haben, wird man Ihnen zubilligen müssen, in Ruhe auszuwählen.
Sie können auch einfach sagen, Sie wollten noch einmal alles *in Ruhe überdenken* und auch mit Ihrem Ehepartner besprechen. Auch *das* wird man akzeptieren. Nur wird man Ihnen hierfür keine allzu lange Bedenkzeit einräumen. Schließlich will der Stellenanbieter wissen, woran er mit Ihnen ist.
Wenn Sie absagen sollten, muß er rasch mit einem der anderen Kandidaten handelseinig werden. Auch diese könnten sich inzwischen für einen anderes Angebot entscheiden. Dann hätte der Stellenanbieter das Nachsehen und hätte viel Zeit und Geld vergeblich investiert.
Für eine Bedenkzeit spricht auch, daß Sie in Ruhe zu Hause den neuen Vertrag studieren können. Lesen Sie ihn gründlich und vergleichen Sie ihn *Punkt für Punkt* mit Ihren Aufzeichnungen! Wenn wichtige Vereinbarungen fehlen, die Sie mündlich ausgehandelt hatten, oder wenn andere Formulierungen (insbesondere zu Ihren Ungunsten) auftauchen, können Sie auf Ergänzung oder Richtigstellung dringen. Vielleicht müssen Sie auch noch einmal nachverhandeln.
Wenn Sie aber am Ende des Vorstellungsgesprächs überzeugt sind, daß dies die richtige Stelle für Sie ist und daß der Arbeitsvertrag für Sie akzeptabel ist, dann unterschreiben Sie lieber *sofort!* Sicher ist sicher! Dann haben Sie Ihr Ziel erreicht, und Sie können tatsächlich *„Ende gut – alles gut!“* sagen. Hoffen wir, daß diesem guten Ende auch ein guter neuer Anfang folgt!

Der Arbeitsvertrag

Die Form des Arbeitsvertrages

Grundsätzlich ist der Arbeitsvertrag formfrei. Er kann mündlich, ja sogar stillschweigend abgeschlossen werden. Ein Bauarbeiter kann auf einer Baustelle vorsprechen, mit dem Polier den Stundenlohn aushandeln und gleich dableiben und mitarbeiten.
Es hat sich jedoch aus Gründen der Vertragssicherheit eingebürgert, daß Arbeitsverträge *schriftlich* geschlossen werden. Für die Schriftform genügen bereits Vereinbarungen und Zusagen in dem Schriftwechsel, der zwischen beiden Partnern stattgefunden hat. (Gesetzliche Vorschriften zur Form beste-

hen nur beim Abschluß von Ausbildungsverträgen. In einem solchen Fall benutzt der ausbildende Betrieb normalerweise die Vertragsformulare der Kammern.)
Im allgemeinen wird ein „regelrechter“ Arbeitsvertrag schriftlich festgelegt. Die meisten Verträge enthalten sogar einen Passus, daß mündliche Änderungen und Ergänzungen lediglich dann gelten, wenn sie schriftlich bestätigt wurden.
Im Normalfall verwendet das einstellende Unternehmen für den Arbeitsvertrag von ihm entwickelte vorgedruckte *Formulare.* Nur in Ausnahmefällen kommt es zum Abschluß eines in allen Einzelheiten ausgehandelten und individuell geschriebenen Vertrages. Dies geschieht noch am ehesten in kleineren Unternehmen, die keine vorgedruckten Verträge haben, oder bei der Besetzung von Spitzenpositionen der Wirtschaft, wenn besondere Bedingungen ausgehandelt werden.

Der Inhalt des Arbeitsvertrages

Der Arbeitsvertrag regelt die rechtlichen Beziehungen zwischen Arbeitgeber und Arbeitnehmer; in ihm sind die *Rechte* und *Pflichten* beider Vertragspartner festgelegt. Der Arbeitnehmer verpflichtet sich zur Leistung von Arbeit. Außerdem hat er den Anweisungen des Arbeitgebers im Rahmen seines Vertrages Folge zu leisten und auch außerhalb seiner Tätigkeit eine Schädigung der Interessen seines Arbeitgebers zu unterlassen.
Die Anweisungen des Arbeitgebers brauchen jedoch nicht befolgt zu werden, wenn die verlangten Leistungen strafbar, gesundheitsschädlich oder unsittlich sind, ferner, wenn sie das verkehrsübliche Maß weit überschreiten.
Zu den Pflichten des Arbeitnehmers gehört auch die sogenannte *Treuepflicht* gegenüber dem Arbeitgeber und die Pflicht zum Unterlassen von Wettbewerb.
Für die Dauer des Arbeitsverhältnisses gibt es ein gesetzliches *Wettbewerbsverbot* für kaufmännische Angestellte und Auszubildende (§§60, 74 ff. HGB). Durch einen Arbeitsvertrag oder eine Betriebsvereinbarung kann das Wettbewerbsverbot erweitert werden.
Soll ein Wettbewerbsverbot über die Beendigung des Arbeitsverhältnisses hinaus gelten, muß es vertraglich in Schriftform festgehalten werden. Dieser Vertrag hat auch die Höhe der Entschädigung für die Dauer des Verbots zu enthalten. In letzter Zeit geht die Tendenz immer mehr dahin, auf Wettbewerbsverbote zu verzichten.
Zu den Pflichten des Arbeitgebers gehört die Zahlung der vereinbarten Vergütung, die Beschäftigung des Arbeitnehmers für die Dauer des Vertrages, die gleiche Behandlung aller Arbeitnehmer und die Fürsorgepflicht. Hierzu zählen: die Sorge für Leben und Gesundheit des Arbeitnehmers während der Arbeit, die Einhaltung der Schutzbestimmungen für Arbeitnehmer und die Sorge für die eingebrachten Sachen (das Eigentum) des Arbeitnehmers.

Was ist beim Vertragsabschluß zu beachten?

Achten Sie beim schriftlichen Vertrag darauf, daß *alle* Zusagen und Vereinbarungen, die Sie mündlich ausgehandelt haben, auch schriftlich festgehalten werden! Die schönsten mündlichen Zusagen nützen Ihnen sonst gar nichts.

Wenn für die zusätzlichen Vereinbarungen im vorgedruckten Vertragstext kein Platz ist, sollten Sie auf *Ergänzung* am Schluß des Vertrages oder auf einer schriftlichen *Bestätigung* in einem zusätzlichen Schreiben bestehen. Wird Ihnen der Vertrag später zugeschickt und enthält er einige Vereinbarungen nicht, können Sie selbst die noch fehlenden Punkte niederschreiben und dem Arbeitgeber als Ergänzung des Vertrages zusenden. Erhalten Sie auf dieses Schreiben keine widersprechende Antwort, können Sie davon ausgehen, daß der Arbeitgeber Ihre Ergänzungswünsche akzeptiert.

Der Vertragsabschluß durch Minderjährige

Damit ein Arbeitsvertrag wirksam werden kann, müssen beide Parteien geschäftsfähig sein. Die volle Geschäftsfähigkeit tritt mit der Vollendung des 18. Lebensjahres ein.

Bei *Minderjährigen* als nur beschränkt Geschäftsfähigen ist die Zustimmung der gesetzlichen Vertreter – grundsätzlich Vater *und* Mutter – notwendig. Diese Zustimmung kann allgemein oder nur für das Eingehen eines bestimmten Arbeitsvertrages erteilt werden. Die Zustimmung ist an keine Form gebunden. Sie kann auch in der stillschweigenden Billigung eines von einem Minderjährigen eingegangenen Arbeitsvertrages bestehen.

Ist die Zustimmung erteilt, so ist der Minderjährige für solche Rechtsgeschäfte unbeschränkt geschäftsfähig, welche die Eingehung oder Aufhebung des Arbeitsverhältnisses oder die Erfüllung der sich hieraus ergebenden Verpflichtungen betreffen.

Muster eines Arbeitsvertrages

Sie können im allgemeinen davon ausgehen, daß die Ihnen vorgelegten vorgedruckten Arbeitsverträge keinen gesetzlichen oder tarifvertraglichen Vorschriften widersprechen. Welche Punkte der Zusammenarbeit und welche Rechte und Pflichten (für beide Seiten) aus Arbeitnehmersicht in einem Arbeitsvertrag vereinbart werden sollten, können Sie dem Musterarbeitsvertrag im Anhang entnehmen.

Die Rolle des Betriebsrats bei der Einstellung neuer Mitarbeiter

Der *Betriebsrat* hat im Rahmen der Einstellung neuer Mitarbeiter eine Reihe von *Mitbestimmungsrechten.* Sie sind in den Paragraphen 99 – 101 und 105 des Betriebsverfassungsgesetzes festgelegt (siehe Anhang).

Der Betriebsrat hat das Recht,

- alle Bewerbungsunterlagen einer „Einstellungsaktion" zu prüfen, bevor es zu einer Einstellung kommt;
- schon vorher mit dem Arbeitgeber verbindliche Beurteilungsgrundsätze für die Auswertung der Bewerbungsunterlagen zu vereinbaren;
- die Zustimmung zur Einstellung zu geben oder zu verweigern.

Diese Rechte sollen in erster Linie die bereits im Betrieb beschäftigten Arbeitnehmer *schützen.* Es soll zum Beispiel verhindert werden, daß wegen einer Neueinstellung einem anderen im Betrieb beschäftigten Mitarbeiter gekündigt wird oder daß dieser sonstige Nachteile erleidet.

Ferner soll sichergestellt werden, daß die freie Stelle zunächst im Rahmen der *innerbetrieblichen Stellenausschreibung* allen Mitarbeitern des Unternehmens angeboten wird. Erst wenn dort kein geeigneter Kandidat gefunden wird, darf die Stelle über Anzeigen außerbetrieblich angeboten werden.

Auch soll der Betriebsrat verhindern, daß die Einstellung neuer Mitarbeiter gegen Gesetze, Verordnungen, Unfallverhütungsvorschriften, gegen einen Tarifvertrag oder gegen Betriebsvereinbarungen verstößt oder daß die Auswahlrichtlinien nicht eingehalten werden. Insofern dienen die Rechte des Betriebsrates auch bereits dem *Schutz des Bewerbers.*

Verweigert der Betriebsrat seine Zustimmung zur Einstellung, so muß er dies innerhalb einer Woche unter Angabe von Gründen dem Arbeitgeber schriftlich mitteilen. Anderenfalls gilt die Zustimmung als erteilt.

Verweigert der Betriebsrat seine Zustimmung, kann der Arbeitgeber beim Arbeitsgericht beantragen, die Zustimmung zu ersetzen. Stimmt das Gericht den Gründen des Arbeitgebers zu, erhält er vom Gericht die Zustimmung zur Einstellung des Mitarbeiters.

Wenn es aus sachlichen Gründen dringend erforderlich ist, kann der Arbeitgeber die Einstellung vornehmen, *bevor* sich der Betriebsrat geäußert hat. Dies gilt sogar dann, wenn der Betriebsrat die Zustimmung verweigert hat. Hierüber und über die Rechtslage muß der Arbeitgeber den Bewerber aufklären.

Der Arbeitgeber hat den Betriebsrat unverzüglich von der *vorläufigen Einstel-*

lung zu unterrichten. Bestreitet der Betriebsrat die Notwendigkeit, muß er dies dem Arbeitgeber unverzüglich mitteilen. Dann darf der Arbeitgeber die vorläufige Einstellung nur aufrechterhalten, wenn er innerhalb von drei Tagen beim *Arbeitsgericht* die Ersetzung der Zustimmung des Betriebsrats und die Feststellung beantragt, daß die Einstellung aus sachlichen Gründen dringend erforderlich gewesen sei. Ein solcher dringender sachlicher Grund kann sein: Das Unternehmen sucht schon lange einen Spezialisten, der bisher weder innerbetrieblich noch außerhalb zu finden war. Ein Bewerber erfüllt alle Voraussetzungen. Er dringt aber darauf, *sofort* eine Entscheidung des Arbeitgebers zu erhalten, weil er noch andere Angebote hat und sich gleich für eines entscheiden will oder muß. (Zum Beispiel steht der nächste Kündigungstermin beim alten Arbeitgeber unmittelbar bevor, und der Bewerber muß dort sofort kündigen, wenn er nicht bis zum nächsten Kündigungstermin ein halbes oder sogar ein ganzes Jahr warten will.)

In einer solchen *Zwangslage* entschließt sich der Arbeitgeber unter Umständen zu einem Vertragsabschluß, *ohne* die Zustimmung seines Betriebsrates einzuholen. Er hofft, daß ihm der Betriebsrat die Zustimmung hinterher erteilt.

Manche Arbeitgeber setzen sich auch großzügig über die Bestimmungen des Betriebsverfassungsgesetzes hinweg, weil sie annehmen, der Betriebsrat werde schon mitspielen. Unangenehm wird es dann aber vor allem für den Bewerber, wenn der Betriebsrat die Zustimmung verweigert. Dann kann es passieren, daß er zwischen zwei Stühlen sitzt. Lehnt das Arbeitsgericht die Ersetzung der Zustimmung ab oder stellt es fest, daß die Einstellung aus sachlichen Gründen nicht dringend erforderlich war, endet die vorläufige Einstellung zwei Wochen nachdem diese Entscheidung Rechtskraft erlangt hat. Darüber hinaus darf der Arbeitgeber den Arbeitnehmer nicht mehr im Unternehmen beschäftigen.

Für einen Bewerber kann das *fatale Folgen* haben: Der Arbeitsvertrag ist zwar wirksam zustande gekommen. Deshalb hat der Arbeitnehmer zunächst noch einen vertraglichen Anspruch auf Arbeitsentgelt, auch wenn er nicht beschäftigt wird. Der Arbeitgeber muß aber das Arbeitsverhältnis fristgerecht kündigen. Da der Arbeitnehmer in der Regel zu diesem Zeitpunkt noch *keinen Kündigungsschutz* hat (erst nach sechs Monaten Betriebszugehörigkeit), wird ihm bei Antritt der neuen Stelle fristgerecht gekündigt. Bei einer vereinbarten Kündigungsfrist von sechs Wochen zum Quartalsende bekommt er äußerstenfalls drei Monatsgehälter. Er hat nun drei Monate Zeit, sich eine neue Stelle zu suchen. Bei einem qualifizierten Bewerber und einer gehobenen Position ist dies in der Regel in so kurzer Zeit kaum zu schaffen.

Seien Sie deshalb als Bewerber immer *vorsichtig!* Erkundigen Sie sich bei der abschließenden Vertragsverhandlung –

und *bevor* Sie Ihren alten Arbeitsvertrag kündigen –, ob sich Ihr künftiger Arbeitgeber mit seinem Betriebsrat über Ihre Einstellung geeinigt hat. Kündigen Sie bei Ihrer alten Firma erst dann, wenn die Zustimmung des Betriebsrates zu Ihrer Einstellung vorliegt!
In manchen Unternehmen ist es üblich, daß der Arbeitgeber vor der Vertragsunterzeichnung alle Bewerber seinem Betriebsrat vorstellt. Wenn Sie im Anschluß an diese Vorstellung einen Arbeitsvertrag zugeschickt bekommen, können Sie davon ausgehen, daß der Betriebsrat Ihrer Einstellung zugestimmt hat.
Vorsichtigerweise sollten Sie sich so frühzeitig vor Ihrem eigenen Kündigungstermin bewerben, daß Sie in Ruhe die Abstimmung zwischen Ihrem künftigen Arbeitgeber und dessen Betriebsrat abwarten können. Vermeiden Sie, daß Sie *unter Zeitdruck* wichtige Entscheidungen treffen müssen und daß Sie unnötige Risiken eingehen! Wenn Sie außerdem gegenüber Ihrem bisherigen Arbeitgeber fair sein wollen, kündigen Sie dort so rechtzeitig, daß dieser genug Zeit hat, einen Nachfolger für Sie zu suchen. Im Idealfall reicht die Zeit sogar noch dafür, daß Sie Ihren Nachfolger selbst einarbeiten können.
Leitende Angestellte sind von den Bestimmungen des Betriebsverfassungsgesetzes nicht betroffen. Das bedeutet, daß der Arbeitgeber bei der Einstellung von Personen dieses Kreises die Zustimmung des Betriebsrates nicht einholen muß. Er hat lediglich den Betriebsrat über die Einstellung zu *informieren.* Sollten Sie sich für die Position eines leitenden Angestellten bewerben, verschaffen Sie sich aber die Gewißheit, daß diese Position nicht nur nach den Formulierungen der Stellenanzeige, sondern *tatsächlich* (das heißt im Sinne des Betriebsverfassungsgesetzes) diesem Status entspricht! Sonst könnte es für Sie später ein recht böses Erwachen geben …

Nachfassen und Nachverhandeln

Schon mancher Bewerber ist von einem Vorstellungsgespräch hoch zufrieden zurückgekehrt. Die Atmosphäre des Gesprächs war durchaus angenehm und harmonisch. Man hat sich gut verstanden. Der Bewerber vermochte alle Fragen zu beantworten und sich gut in Szene zu setzen. Seine Gesprächspartner schienen von ihm beeindruckt zu sein. Auch die einzelnen Vertragspunkte konnten zu beiderseitiger Zufriedenheit ausgehandelt werden. Zum Abschied erhielt der Bewerber die Zusicherung, daß man ihm nach kurzer Bedenkzeit Bescheid geben werde.

Seither sind ein oder zwei Wochen vergangen, aber der Bewerber wartet *noch immer* vergeblich auf Nachricht. Allmählich weicht sein anfänglicher Optimismus der dunklen Ahnung, daß er das Rennen wohl *nicht* als Sieger beendet hat. Die Ungewißheit nagt an seinen Nerven und kratzt an seinem Selbstgefühl. Was soll er tun: weiter geduldig warten oder nachfragen, wie das Unternehmen sich entschieden hat?

Wenn Sie sich in einer solchen Situation befinden, stehen Sie vor keiner leichten Entscheidung. Sollen Sie sich weiter in Geduld üben, oder wollen Sie die Gewißheit *„angenommen oder abgelehnt"* sofort haben? Einen Vorteil hat die Ungewißheit auf jeden Fall: Sie können noch hoffen.

Für manche Unternehmen ist ein *Entscheidungszeitraum* von zwei bis drei Wochen kurz. Für einen Bewerber aber ist das eine lange Zeit. Meist haben Sie mit dem Unternehmen bereits Erfahrungen gesammelt. Wenn Sie auch schon lange warten mußten, bis Sie auf Ihre schriftliche Bewerbung einen Zwischenbescheid oder die Einladung zum Vorstellungsgespräch bekamen, dann ist Warten nichts Ungewöhnliches. Reagierte das Unternehmen bisher aber immer sehr rasch, dann läßt jetzt eine lange Wartezeit auf wenig Gutes hoffen. Im ersten Fall könnte Ihr Nachfragen als ungeduldiges Drängen negativ ausgelegt werden, im zweiten vielleicht geduldiges Warten als geringes Interesse an der Stelle.

Stehen Sie unter *Zeitdruck* (das haben Sie Ihren Gesprächspartnern wahrscheinlich im Vorstellungsgespräch gesagt) oder wünschen Sie klare Verhältnisse: Dann fassen Sie bei dem Unternehmen nach! Falls man Ihnen einen bestimmten Antworttermin genannt hatte, ist es nicht unhöflich, wenn Sie sich einige Tage nach diesem Zeitpunkt erkundigen. *Auf jeden Fall* sollten Sie nachfragen, wenn Sie kurz vor einem Kündigungstermin stehen oder wenn Sie sich zwischen mehreren Angeboten entscheiden müssen und andere Stellenanbieter auf Ihren Bescheid warten. Wenn es nicht sehr eilt: Fragen Sie *schriftlich* nach! Die Antwort des Unternehmens fällt meist recht knapp aus, gleich, ob es eine Zusage, eine Absage oder ein hinhaltender Bescheid ist. *Absagen* bestehen in der Regel aus einem kurzen Dank für die Bewerbung und das Gespräch, einem Bedauern, daß man sich für einen anderen Bewerber entscheiden mußte, der Hoffnung, daß der Bewerber bald eine seinen Fähigkeiten entsprechende Stelle finde und guten Wünschen für die berufliche Zukunft.

Eine *Begründung,* warum man sich nicht für Sie entschieden hat, erfahren Sie fast nie. Es kann aber im Hinblick auf künftige Bewerbungen für Sie wichtig sein zu erfahren, warum man Sie

nicht genommen hat. Aus dieser Kenntnis könnten Sie lernen und vielleicht künftig Fehler vermeiden.
Rufen Sie deshalb das Unternehmen an, und lassen Sie sich mit Ihrem Gesprächspartner verbinden! Das hat mehrere Vorteile: Sie erfahren sofort, woran Sie sind. Außerdem erhalten Sie am Telefon eine ausführlichere Auskunft. Sie können ja so lange fragen, bis Sie ausreichend informiert sind.
Erhalten Sie am Telefon eine *Zusage,* so ist alles in Ordnung. Dann können Sie gleich noch unklare Punkte der künftigen Zusammenarbeit klären und über vertragliche Bedingungen nachverhandeln. Bekommen Sie eine Absage, dann fragen Sie, welche Gründe hierfür maßgeblich waren! Bitten Sie um eine *ehrliche Auskunft,* weil Ihnen dies eine Hilfe für andere Bewerbungen sei! Ist Ihr Gesprächspartner mit seiner Antwort zurückhaltend, dann bohren Sie mit gezielten Fragen nach: *„Lag ich mit meiner Gehaltsforderung zu hoch?“; „Reichte meine Qualifikation (Fachkenntnisse, berufliche Erfahrungen, Ausbildung, Führungserfahrung oder anderes) nicht aus?“; „Bin ich zu jung oder zu alt?“; „Habe ich im Vorstellungsgespräch irgendwelche schwerwiegenden Fehler gemacht?“*
Lassen Sie nicht locker, bevor Sie eine einigermaßen zufriedenstellende Antwort bekommen!
Vielleicht war das Unternehmen auch jetzt noch unentschlossen, *welchen* der gleichwertig erscheinenden Bewerber es nehmen sollte. Dann kann Ihr telefonisches Nachfassen bewirken, daß Sie die Aufmerksamkeit auf sich lenken. Wenn es Ihnen gelingt, am Telefon einen hervorragenden Eindruck zu machen, und wenn Sie jetzt noch einmal einige Ihrer Stärken besonders herausstellen, dann gibt dies vielleicht den Ausschlag zu *Ihren* Gunsten.
Manchmal fällt Ihnen *nach* einem Vorstellungsgespräch ein, was Sie alles anders und besser hätten sagen und aushandeln müssen. Ärgern Sie sich dann nicht lange, sondern fassen Sie noch einmal nach! Auch dies läßt sich am leichtesten telefonisch erledigen.
Fallen Sie dabei aber nicht sofort mit der Tür ins Haus! Fragen Sie zunächst nach irgendetwas, was Ihnen noch unklar geblieben sei (zum Beispiel zum Aufgabengebiet, zu betrieblichen Zusammenhängen, zu irgendwelchen Vertragspunkten). Wenn dann das Gespräch gut läuft, bringen Sie Ihre Informationen an. Diese nachgelieferten Argumente und Mitteilungen sollten aber so *gewichtig* sein, daß sie die Entscheidung Ihrer Gesprächspartner positiv beeinflussen. Belästigen Sie diese auf gar keinen Fall mit unbedeutenden Kleinigkeiten!
Wenn Sie endlich den Arbeitsvertrag in den Händen haben und ihn gründlich studieren, fällt Ihnen vielleicht auf, daß einige Vereinbarungen vergessen oder anders festgelegt wurden, als Sie sie im Vorstellungsgespräch ausgehandelt hatten. Lassen Sie solche *Lücken* oder *Fehler* nicht durchgehen, sondern verhandeln Sie noch einmal nach! Jetzt zahlt

es sich aus, wenn Sie sich während des Vorstellungsgesprächs alle Verhandlungsergebnisse notiert haben. Mit Hilfe von *Notizen* läßt sich das Ergebnis der mündlichen Verhandlung besser rekonstruieren als nur aus dem Gedächtnis heraus.

Grundsätzlich können Sie über *jeden* Punkt des Arbeitsvertrages nachverhandeln. Tatsächlich sollten Sie aber nur über *schwerwiegende* Abweichungen oder Fehler die Verhandlung noch einmal aufnehmen. Hierzu könnten zum Beispiel gehören: ein geringeres Gehalt, fehlende Nebenleistungen, ein anderes Arbeitsgebiet, eine niedrigere hierarchische Einstufung, weniger Urlaub oder fehlende Umzugskostenregelung. Seien Sie jedoch bei Kleinigkeiten großzügig! Es lohnt nicht, wegen Geringfügigkeiten das beiderseitige gute Einvernehmen zu trüben, bevor Sie Ihre neue Stelle angetreten haben. Wenn Sie hartnäckig um Markbeträge und Formulierungen feilschen, handeln Sie sich leicht den Ruf eines Pedanten, einer Krämerseele oder eines notorischen Querulanten ein. Damit kassieren Sie die ersten Minuspunkte bereits vor Arbeitsbeginn ...

Manche Bewerber geben sich während der Vertragsverhandlungen mit einem niedrigen Angebot zufrieden, um diese Stelle zu bekommen. Wenn sie dann den Arbeitsvertrag in den Händen halten und glauben, somit auch die Stelle sicher zu haben, versuchen sie *nachträglich*, das Verhandlungsergebnis zu verbessern. Diese Methode ist unfair und auch riskant. Hat der Arbeitgeber den anderen Bewerbern bereits abgesagt, kann er sich leicht erpreßt fühlen. Vielleicht gibt er nach, weil er im Augenblick unter Druck steht und keine andere Wahl hat. Das *Vertrauensverhältnis* aber ist von vorneherein gestört. Wahrscheinlich aber spielt er nicht mit und verzichtet auf einen solchen Mitarbeiter. Dann hat der Bewerber das Nachsehen. Hat der Arbeitgeber aber die anderen Bewerbungen noch in der Hinterhand, macht er sicher einem anderen Kandidaten ein Angebot.

Ein ähnlich riskantes Spiel treibt ein Bewerber, der aus mehreren ihm vorliegenden Angeboten jeweils die Rosinen herauspickt und dann versucht, bei einem Stellenanbieter nachträglich all diese Punkte im Vertrag unterzubringen. Auch hier ist die Wahrscheinlichkeit größer, daß er ganz aus dem Rennen fällt, als daß er sich mit seinen Forderungen durchsetzt.

Am besten führen Sie *Nachverhandlungen mündlich* durch. Wohnen Sie in der Nähe des neuen Arbeitgebers, bitten Sie um einen weiteren Gesprächstermin. Ist die Entfernung zu groß, verhandeln Sie telefonisch. Der Vorteil einer mündlichen Unterredung besteht darin, daß Sie die Reaktionen Ihres Verhandlungspartners wahrnehmen und je nach Situation auf Ihren Vorstellungen bestehen, sogar noch mehr fordern oder aber nachgeben können. Am Ende des Gesprächs kennen Sie bereits das Ergebnis. Um sicherzustellen, daß die telefonisch vereinbarten Änderungen des Vertrags auch von

Ihrem Gesprächspartner in dieser Form übernommen werden, bestätigen Sie ihm die Ergebnisse *schriftlich.* Sollten Sie dann nichts mehr von ihm hören, gelten die Änderungen als angenommen. Wahrscheinlich aber erhalten Sie einen geänderten Vertrag oder ein Ergänzungsschreiben.
Sie können Ihre *Änderungs- und Ergänzungswünsche* auch niederschreiben und dem Stellenanbieter zuschicken. Sie müssen dann etwas länger auf die Antwort warten und sich eventuell auf einigen Schriftwechsel gefaßt machen, bis alle Punkte zur beiderseitigen Zufriedenheit ausgehandelt sind.
Warten Sie mit Ihrer Unterschrift unter den neuen Arbeitsvertrag, bis *alle* Zweifelsfragen geklärt sind! Kündigen Sie Ihrem bisherigen Arbeitgeber wirklich erst dann, wenn Sie den endgültigen Arbeitsvertrag mit der Unterschrift Ihres künftigen Arbeitgebers in den Händen haben!

Die Auswertung des Vorstellungsgesprächs durch den Bewerber

Als Bewerber können Sie ein Vorstellungsgespräch unter verschiedenen Blickwinkeln auswerten. Einmal wird es Sie interessieren, wie das Vorstellungsgespräch abgelaufen ist und wie Sie insgesamt abgeschnitten haben. Aus diesen Erkenntnissen können Sie *Lehren* für weitere Vorstellungsgespräche ziehen (vergleiche Kapitel *„Lehren aus abgelehnten Bewerbungen“).* Zum anderen werten Sie die *Ergebnisse* aus, die Sie im Vorstellungsgespräch ausgehandelt, und die *Informationen,* die Sie erhalten haben. Zweck einer solchen Analyse ist es, zu erkennen, was Sie in der Verhandlung erreicht haben und ob das Erreichte Ihren Vorstellungen entspricht. Besonders notwendig und aufschlußreich ist die Auswertung, wenn Sie zu mehreren Vorstellungsgesprächen eingeladen waren und anschließend das für Sie günstigste Angebot auswählen wollen.
Schon bei einem einzigen Vorstellungsgespräch dürfte es Ihnen schwerfallen, alle wichtigen Informationen und Einzelpunkte des Angebotes im Kopf zu behalten. Notieren Sie deshalb das Gesprächsergebnis bereits während des Gesprächs, spätestens aber sofort nach dem Gespräch! Hierzu können Sie eine *Checkliste* benutzen, wie sie im Kapitel

„Die Checkliste des Bewerbers" vorgestellt wurde.

Wenn Sie die Ergebnisse *mehrerer* Bewerbungsgespräche miteinander vergleichen wollen, machen Sie sich am besten eine Zusammenstellung in Form einer *Matrix* (siehe auch die Matrix im Anhang). Welche Ergebnisse Sie in Ihre Auswertung aufnehmen, bleibt Ihnen überlassen. Nur *Sie* können beurteilen, welche Punkte für Sie besonders bedeutsam und welche weniger wichtig sind. Von *Ihren* Wertvorstellungen hängt es ab, wie hoch Sie zum Beispiel die Gehaltshöhe, die Dienststellung, die Aufstiegschancen oder den Freizeitwert des künftigen Arbeits- und Wohnortes einschätzen.

Da nicht alle Punkte gleich wichtig sind und in gleicher Weise Ihre Entscheidung beeinflussen, teilen Sie diese am besten in drei Stufen ein:

- unabdingbar, unverzichtbar, erforderlich = unbedingt erforderlich
- wünschenswert = wichtig
- schön, wenn zusätzlich gegeben = nützlich

„Unabdingbar" sind im Regelfall: eine bestimmte Mindesthöhe des Gehalts (diese müssen Sie für sich festlegen), eventuell einschließlich Nebenleistungen; ein festumrissenes Aufgabengebiet und eine bestimmte Einstufung in die betriebliche Rangordnung; ein Mindesturlaub (ist tariflich geregelt); frühester Arbeitsbeginn; bestimmte Kündigungsfristen. Weitere unabdingbare Forderungen ergeben sich aus den *persönlichen Zielen* und *Vorstellungen* des Bewerbers und seiner Familie. So können zum Beispiel für den einen Bewerber Dienstwagen oder die Möglichkeit zu Nebentätigkeiten, für einen anderen eine bestimmte Altersversorgung und Vollmachten (Handlungsvollmacht oder Prokura) und wieder für einen anderen ein gutes Betriebsklima und das Vorhandensein bestimmter Schultypen am Ort unabdingbar sein. Insgesamt aber ist die Zahl der unabdingbaren Forderungen der einzelnen Bewerber meist ziemlich gering.

Die Mehrzahl der Entscheidungspunkte liegt in der Regel in der Stufe *„wünschenswert"*. Hier werden meist die geldwerten Sozialleistungen, nette Kollegen und Vorgesetzte, ein gutes Betriebsklima, der gute Ruf der Firma, geregelte Arbeitszeit, eine günstige Wohnung, der Freizeitwert des Wohnortes oder ein günstiges Preisniveau (Lebenshaltungskosten) im Verhältnis zum Einkommen gesehen.

In der Stufe *„schön, wenn zusätzlich gegeben"* finden sich schließlich alle Punkte, die für den Bewerber von geringerer Bedeutung sind. Sie haben normalerweise keinen Einfluß auf seine Entscheidung *für* oder *gegen* die Stelle.

Die beispielhafte Aufzählung der verschiedenen Punkte zeigt, wie breit die Palette der Entscheidungsgesichtspunkte ist. Sie läßt auch ahnen, wie unterschiedlich die Bewertung und wie verschieden die Rangreihen ausfallen, die von den einzelnen Bewerbern aufgestellt werden.

Zur ersten Schwierigkeit, sich auf *bestimmte Auswahlpunkte* festzulegen, diese in *mehrere Stufen* einzuteilen oder in eine *persönliche Rangfolge* zu bringen, kommt eine zweite, noch größere: nämlich die einzelnen Punkte zu bewerten. Dies ist besonders dann notwendig, wenn man die Ergebnisse mehrerer Vorstellungsgespräche miteinander vergleichen will, um das günstigste zu erkennen.

Eine Ausnahme bilden das *Gehalt* und alle Nebenleistungen, die in Form von Geld geboten werden oder die sich in Geld umrechnen lassen (wie Dienstwohnung, Dienstwagen). Hier bildet die Höhe des DM-Betrages zugleich auch die Gewichtung dieser Leistung. Anders sieht es bei allen Punkten aus, deren Wert *nicht* in Geldbeträgen auszudrücken ist. Ihre Bedeutung für den einzelnen hängt von seinen persönlichen Wertvorstellungen ab. Er muß deshalb einen Maßstab finden, mit dem er bewertet und gewichtet. Für diese Berechnung bieten sich *Punktwerte* an. So kann man zum Beispiel für alle Auswahlkriterien zusammen 100 Punkte vergeben. Diese teilt man nach irgendeinem Schlüssel (zum Beispiel: 25, 20, 20, 15, 10, 10) entsprechend der Bedeutung auf die einzelnen Kriterien auf. Entsprechend der Ausprägung kann der Punktwert dann noch mit einem *Gewichtungsfaktor* multipliziert werden. Hat das Merkmal Betriebsklima zum Beispiel den Punktwert 10, dann wird ein gutes Betriebsklima mit dem Faktor 2, ein mittelprächtiges mit 1 und ein schlechtes mit 0 multipliziert.

Beim Vergleich mehrerer Stellenangebote ist dann dasjenige das günstigste, das den höchsten DM-Wert *und* den höchsten Punktwert ausweist.

Vorstellungskosten

Lädt ein Stellenanbieter einen Bewerber zu einem Vorstellungsgespräch ein, so muß er *in der Regel* die Auslagen und den Verdienstausfall ersetzen. Die meisten Arbeitgeber teilen in der Einladung mit, *welche* Kosten sie übernehmen und ersetzen. Dabei geben sie zum Beispiel an, ob sie Flug- oder Bahnkosten übernehmen oder ob sie bei der Anfahrt des Bewerbers mit eigenem Pkw den Kilometersatz erstatten. Ist es unmöglich oder nicht zumutbar, daß der Bewerber große Entfernungen an einem Tag zurücklegt, dann übernehmen viele Unter-

nehmen auch die Kosten der Hotelübernachtung.
Wenn in Ihrer Einladung zur Vorstellung *keine* Hinweise auf die Übernahme der Vorstellungskosten stehen, fragen Sie *vorsichtshalber* telefonisch nach. Sie können aber auch von den Ihnen bekannten *Reisekostenordnungen* ausgehen. Fast alle größeren Unternehmen haben ähnliche Regelungen, die sich an den Richtlinien der Steuerbehörde orientieren. Diesen können Sie entnehmen, für welche Gehaltsstufen Flugreisen, Bahnreisen (1. oder 2. Klasse) oder Pkw-Fahrten gestattet sind, wie hoch die Tages- und Übernachtungssätze sind und wie im einzelnen abgerechnet werden muß. Wenn Sie sich an solche Reisekostenordnungen halten, können Sie kaum etwas falsch machen.
Geben Sie *mehr* aus, als Ihnen im Einladungsschreiben zugestanden wurde oder als allgemein üblich ist, tun Sie dies auf eigenes Risiko. Wahrscheinlich wird man Ihnen nur einen niedrigeren Betrag erstatten und Ihnen außerdem eventuell ankreiden, daß Sie mit fremdem Geld zu großzügig sind. Machen Sie im Zweifelsfall lieber durch Sparsamkeit einen guten Eindruck!
Verdienstausfälle werden nur sehr selten erstattet. In der Regel nehmen Bewerber bezahlten Urlaub, wenn sie sich vorstellen. Meist wissen die bisherigen Arbeitgeber auch nichts von den Aktivitäten ihrer Mitarbeiter. Hat ein Arbeitgeber einem Mitarbeiter den Wechsel nahegelegt, gewährt er ihm für Bewerbungen auch häufig bezahlte Freizeit. Dann hat der Bewerber keinen Verdienstausfall und somit auch keinen Ersatzanspruch. Befinden Sie sich gerade am Ort des Stellenanbieters oder in der Nähe (Sie sind gerade auf Dienstreise, unterbrechen einen Urlaub oder besuchen Verwandte), dann entstehen Ihnen *keine* oder nur geringe Auslagen. In solchen Fällen können Sie *keinen Anspruch* auf Erstattung von Reisekosten geltend machen.
Übernimmt der Stellenanbieter nur einen *Teil* der Ihnen durch die Vorstellung entstehenden Kosten oder erstattet er gar nichts, müssen Sie diese Kosten nicht allein tragen. Das Finanzamt erstattet Ihnen im Rahmen des Lohnsteuerjahresausgleichs einen Teil des Betrages, wenn Sie Ihre Bewerbungskosten als *Werbungskosten* angeben. Paragraph 20 der Lohnsteuerdurchführungsverordnung sagt: *„Werbungskosten des Arbeitnehmers sind Aufwendungen zur Erwerbung … des Arbeitslohnes.“*
Das heißt im Klartext: Werbungskosten sind Ausgaben, die Sie machen, um eine Stelle zu finden. Dabei spielt es steuerlich keine Rolle, ob Sie erstmalig eine Stelle suchen oder Ihre Stelle wechseln wollen, ob Sie sich nur bewerben, um Ihren *Marktwert* zu testen, oder ob Sie tatsächlich eine neue Stelle annehmen. Es ist auch unerheblich, ob Ihre Bewerbungen Erfolg haben oder nicht.
Wichtig ist nur, daß sie Ihre Bemühungen um eine Stelle beweisen können. Sammeln Sie deshalb *Belege* über alle Aufwendungen! Das Finanzamt betei-

ligt sich nämlich nicht nur an den Vorstellungskosten, sondern an sämtlichen Ausgaben, die mit der Bewerbung zusammenhängen. Als Belege kommen in Frage:

- Rechnungen (zum Beispiel für Briefpapier, Umschläge, Fotokopien, Porto, Fotos)
- Fahrkarten (Eisenbahn, Flugzeug, Taxi, Straßenbahn)
- glaubhafte selbsterstellte Belege (Ferngespräche mit eigenem Telefon oder Münzfernsprecher, Fahrten mit eigenem Pkw, überregionale Tageszeitungen, Fachzeitschriften, branchenspezifische Presseerzeugnisse)

Lehren aus abgelehnten Bewerbungen

Es liegt in der Natur der Sache, daß bei Bewerbungen immer nur *einer* das Rennen macht. Gehören Sie nicht zu den Glücklichen, sollten Sie überlegen, woran es liegen könnte, daß Sie unter „ferner liefen“ landeten. Bleiben Sie bereits in der *Vorauswahl* auf der Strecke, haben Sie nur geringe Chancen, die tatsächlichen Gründe zu erfahren. Die Begleitschreiben, die den zurückgeschickten Bewerbungsunterlagen beiliegen, helfen Ihnen nicht weiter. Sie enthalten in der Regel einen Dank für die Bewerbung und das entgegengebrachte Vertrauen, die Behauptung, daß eine Vielzahl von Bewerbungen eingegangen sei, die Aussage, daß die Wahl auf einen anderen Bewerber gefallen sei, und den Wunsch, daß auch Sie bald eine Ihren Eignungen und Neigungen entsprechende Stelle finden mögen. Einen Hinweis darauf, warum Sie bereits an der ersten Hürde gescheitert sind, bekommen Sie nie. Auch wenn Sie schriftlich oder telefonisch um nähere Auskunft bitten, wird man Ihnen kaum je eine nützliche Information geben.

Sie müssen somit rätseln, ob Sie *formale Fehler* gemacht haben (zum Beispiel unvollständige oder unordentliche Bewerbungsunterlagen) oder ob der *Grund in Ihrer Person* liegt (zum Beispiel Alter, bisheriger Ausbildungs- und Werdegang, Qualifikation, Gehaltsvorstellungen, frühestmöglicher Kündigungstermin) oder ob Sie sich um eine Stelle bemüht haben, für die Sie offensichtlich nicht geeignet sind.

Sind Sie hingegen bis in das *Vorstellungsgespräch* vorgedrungen, haben

Sie größere Chancen, aus Ablehnungen zu lernen. Versuchen Sie während der Unterredung, sich selbst und Ihre Gesprächspartner genau zu beobachten! Dann merken Sie sicher, an welchen Stellen des Gesprächs und bei welchen Themen und Fragen Sie Stärken oder Schwächen zeigen. Wenn es Ihnen gelingt, sich und Ihre Gesprächspartner unvoreingenommen zu sehen, dann werden Sie feststellen, ob Sie eher Schwierigkeiten im *zwischenmenschlichen* oder im *fachlichen* Bereich haben. An den Reaktionen Ihres Gegenüber, an seinen Fragen und Bemerkungen können Sie ablesen, wann ein Gespräch gut oder schlecht läuft und wie Sie ankommen oder ob Sie auf Ablehnung stoßen. Begnügen Sie sich aber nicht damit, nach dem Vorstellungsgespräch ein gutes oder ein schlechtes Gefühl zu haben! Lassen Sie das Gespräch noch einmal an Ihrem geistigen Auge vorüberziehen, und analysieren Sie die einzelnen Phasen! Versuchen Sie dabei, aufrichtig zu sein und sich kritisch zu prüfen! Denn allein *das* hilft Ihnen für die Zukunft weiter.

Einmal geht es darum, zu erkennen, an welchen Punkten das Gespräch schlecht lief oder eine ungünstige Wendung nahm. Überlegen Sie, woran und an wem dies hauptsächlich gelegen hat! Machen Sie sich auch gleich Gedanken darüber, wie Sie es anders – und besser – hätten machen können! Zum anderen sollten Sie eine *„persönliche Schwachstellenanalyse"* durchführen. Unterteilen Sie ein Blatt Papier in der Mitte, und schreiben Sie auf der linken Hälfte untereinander auf, welche Schwachstellen Sie an sich entdecken, die sich im Vorstellungsgespräch (und vielleicht überhaupt in Ihrem beruflichen und privaten Leben) als nachteilig erwiesen haben.

Hier könnte zum Beispiel stehen:

- Wenn ich unverhofft gefragt werde, fällt mir zunächst gar nichts ein. Ich habe „ein Brett vor'm Kopf". Nach 10 bis 15 Sekunden habe ich mich wieder gefangen, antworte aber nur stockend. Ich wirke noch eine Zeitlang unsicher.
- Wenn ein Gesprächspartner meine Äußerungen anzweifelt, fühle ich mich angegriffen und gehe sofort zum Gegenangriff über.
- Wenn andere, insbesondere Höhergestellte, sprechen, traue ich mich nicht, meine Meinung zu sagen. Ich schweige höflich und ärgere mich später darüber.
- Ich kann schlecht zuhören.
- Meine Kenntnisse in … sind schwach.
- Ich bin übernervös.
- Bisher habe ich kaum Führungserfahrung.

Und so weiter …

Machen Sie aus der Schwachstellenanalyse ein *Programm zur persönlichen Entwicklung*! Schreiben Sie sich deshalb auf die rechte Seite neben Ihre Diagnose jeweils die Therapie, das heißt: wie Sie Ihre Schwächen oder Fehler abbauen wollen!

Zum Beispiel:

- Ich werde im Herbst dieses Jahres an einem Verhandlungstraining teilnehmen. Außerdem werde ich versuchen, auf Fragen sofort und konzentriert zu antworten. Oder:

- Wenn jemand meine Äußerungen anzweifelt, bleibe ich gelassen und freundlich. Je nach Wichtigkeit meiner Aussagen und je nach Situation diskutiere ich und bringe dabei Beweise für die Richtigkeit meiner Aussagen, oder ich halte mich zurück und antworte gar nicht.

Setzen Sie sich jeweils Daten, bis zu denen Sie die Änderungen herbeigeführt haben wollen! Manches können Sie *sofort* abstellen; für anderes werden Sie einen *längeren Zeitraum* brauchen. Ein solches Programm erfordert einige Energie und persönlichen Einsatz. Es zahlt sich aber unmittelbar für Ihre persönliche Entwicklung aus.

Notieren Sie aber nicht nur Ihre *Schwächen*! Schreiben Sie auf einem weiteren Blatt auf, wo Ihre *Stärken* liegen und was Sie im Vorstellungsgespräch besonders gut gemacht haben! Dieses *Stärkenprofil* ist für Sie genauso wichtig. Es hilft Ihnen, in Zukunft die am positivsten entwickelten Teile Ihrer Persönlichkeit noch besser zur Geltung zu bringen. Außerdem trägt es dazu bei, daß Sie sich künftig nicht etwa nur negativ sehen.

Wenn Ihnen Ihre Gesprächspartner am Ende des Vorstellungsgesprächs zu verstehen geben, daß Sie sich *nicht* für Sie entscheiden, bitten Sie sie, Ihnen die *Gründe* für die Ablehnung zu nennen! Dann haben Sie die Gelegenheit, das Urteil zu hinterfragen, und bekommen sicher wertvolle Hinweise. Erhalten Sie erst später eine schriftliche Absage, dann fragen Sie telefonisch nach (siehe Kapitel *„Nachfassen und Nachverhandeln“)!* Die Aussagen Ihrer Gesprächspartner sind eine wichtige Ergänzung Ihrer eigenen Beobachtungen. Sie tragen zur Bestätigung oder zur Korrektur Ihres *Selbstbildes* durch ein *Fremdbild* bei. Andere Menschen sehen nämlich dort scharf, wo Sie vielleicht einen „blinden Fleck“ haben.

Nutzen Sie alle Beobachtungen und Informationen, die Sie über das Vorstellungsgespräch zusammentragen können! Ziehen Sie vor allem die notwendigen Konsequenzen! Dann können Sie *auch* aus einer Ablehnung viel lernen.

Die Zeit bis zum Antritt der neuen Stelle

Wenn Sie den neuen Arbeitsvertrag – von beiden Seiten unterschrieben – in den Händen haben, steht Ihnen häufig noch ein schwerer Gang bevor: Sie müssen Ihrem alten Arbeitgeber klarmachen, daß Sie ihn verlassen wollen. Ihr Arbeitgeber ist der Firmeninhaber oder die von ihm für Einstellungen und Kündigungen bevollmächtigte Stelle, in der Regel die Personalabteilung. Dorthin richten Sie Ihre *schriftliche Kündigung.* Vorher sollten Sie jedoch mit Ihrem Vorgesetzten sprechen. Er sollte als erster und direkt von Ihnen erfahren, daß Sie ausscheiden wollen. Ihm können Sie ebenfalls Ihre schriftliche Kündigung überreichen. Er wird sie an die zuständige Stelle weiterleiten.

Wahrscheinlich trifft Ihre Nachricht Ihren Vorgesetzten wie der Blitz aus heiterem Himmel. Wenn Sie nie vorher das Thema Stellenwechsel angeschnitten hatten, Ihre Zusammenarbeit gut und er mit Ihren Leistungen sehr zufrieden war, ist Ihre Kündigung für ihn sicher hart und kommt für ihn völlig überraschend. Er muß schnellstmöglich einen neuen Mitarbeiter suchen und einarbeiten. Je qualifizierter Sie sind und je anspruchsvoller und spezialisierter Ihre Tätigkeit ist, desto schwerer wird es ihm fallen, rasch einen *geeigneten Nachfolger* zu finden. Vielleicht haben Sie dies bei Ihren Vertragsverhandlungen mit dem neuen Arbeitgeber berücksichtigt und einen *späteren* Eintrittstermin vereinbart, als nach Ihrem frühesten Kündigungstermin möglich gewesen wäre. Nach einer langjährigen guten Zusammenarbeit wäre ein solches Verhalten *fair* und machte auch auf Ihren künftigen Arbeitgeber einen guten Eindruck.

Wenn Sie bereits früher mit Ihrem Vorgesetzten über einen möglichen Wechsel gesprochen haben und Ihnen das Unternehmen keine Entwicklungsmöglichkeiten bieten konnte, wird das Kündigungsgespräch wahrscheinlich etwas leichter. Angenehm ist es jedoch selten. Hatte man Ihnen jedoch bereits nahegelegt, sich eine andere Stelle zu suchen, dann dürfte Ihre Kündigung eher Zufriedenheit auslösen. In einem solchen Fall wird man Ihre Kündigung sicher wohlwollend entgegennehmen.

Vorgesetzte reagieren *sehr unterschiedlich* auf eine Kündigung. Einmal hängt ihre Reaktion davon ab, wie ungern sie einen Mitarbeiter verlieren und wie schwierig das Finden eines Nachfolgers ist, zum anderen von ihrem Temperament und ihrer *Einstellung* zu Mitarbeitern. Die einen denken überwiegend an die eigenen Probleme und Belastungen, die eigene Karriere, die anderen auch an die Zukunft und Entwicklung ihrer Mitarbeiter. Entsprechend bringen sie entweder mehr oder weniger Verständnis für deren Wechselabsichten auf.

Versuchen Sie, *in gutem Einvernehmen* mit Ihrem alten Arbeitgeber auszuscheiden! Dazu gehört auch, daß Sie bis zuletzt voll mitarbeiten. Ideal wäre es, wenn Sie noch genügend Zeit fänden, Ihren Nachfolger gründlich einzuarbeiten. Das wird Ihnen Ihr alter Arbeitgeber sicher hoch anrechnen. Ein bis zuletzt gutes Verhältnis schlägt sich auch in Ihrem Zeugnis nieder. Außerdem wird ein zufriedener Arbeitgeber auch in Zukunft über Sie *positive Auskünfte* geben. Das kann für Sie später sehr viel wert sein.

In einigen Unternehmen ist es üblich, daß kündigende Mitarbeiter für Ihre Abwanderungsabsichten »bestraft« werden. Sie dürfen dann nicht mehr an ihrem alten Arbeitsplatz arbeiten, sondern werden bis zum Ende ihrer Tätigkeit mit irgendwelchen *Nebentätigkeiten* beschäftigt. In Einzelfällen werden sie sogar sofort von der Arbeit *freigestellt*. (Das kommt zum Beispiel vor, wenn man befürchtet, daß die Mitarbeiter in den letzten Wochen noch möglichst viele Informationen und Unterlagen sammeln, die sie dann zum neuen Arbeitgeber mitnehmen.)

Hoffen wir, daß Sie verständnisvolle Vorgesetzte haben, die Ihnen Ihren Wechsel nicht persönlich übelnehmen, so daß die Zeit bis zu Ihrem Ausscheiden für Sie angenehm bleibt!

Für Ihren Start im neuen Unternehmen aber wünsche ich Ihnen *viel Glück und Erfolg!* Ich hoffe, daß Sie eine gute Wahl getroffen haben und dadurch in Ihrer beruflichen Entwicklung einen entscheidenden Schritt vorwärtskommen werden.

Anhang

Auszug aus dem Betriebsverfassungsgesetz

Dritter Unterabschnitt

Personelle Einzelmaßnahmen

§ 99 Mitbestimmung bei personellen Einzelmaßnahmen

(1) In Betrieben mit in der Regel mehr als zwanzig wahlberechtigten Arbeitnehmern hat der Arbeitgeber den Betriebsrat vor jeder Einstellung, Eingruppierung, Umgruppierung und Versetzung zu unterrichten, ihm die erforderlichen Bewerbungsunterlagen vorzulegen und Auskunft über die Person der Beteiligten zu geben; er hat dem Betriebsrat unter Vorlage der erforderlichen Unterlagen Auskunft über die Auswirkungen der geplanten Maßnahme zu geben und die Zustimmung des Betriebsrates zu der geplanten Maßnahme einzuholen. Bei Einstellungen und Versetzungen hat der Arbeitgeber insbesondere den in Aussicht genommenen Arbeitsplatz und die vorgesehene Eingruppierung mitzuteilen. Die Mitglieder des Betriebsrates sind verpflichtet, über die ihnen im Rahmen der personellen Maßnahmen nach den Sätzen 1 und 2 bekanntgewordenen persönlichen Verhältnisse und Angelegenheiten der Arbeitnehmer, die ihrer Bedeutung oder ihrem Inhalt nach einer vertraulichen Behandlung bedürfen, Stillschweigen zu bewahren; § 79 Abs. 1 Satz 2 bis 4 gilt entsprechend.

(2) Der Betriebsrat kann die Zustimmung verweigern, wenn

1. die personelle Maßnahme gegen ein Gesetz, eine Verordnung, eine Unfallverhütungsvorschrift oder gegen eine Bestimmung in einem Tarifvertrag oder in einer Betriebsvereinbarung oder gegen eine gerichtliche Entscheidung oder eine behördliche Anordnung verstoßen würde,
2. die personelle Maßnahme gegen eine Richtlinie nach § 95 verstoßen würde,
3. die durch Tatsachen begründete Besorgnis besteht, daß infolge der personellen Maßnahme im Betrieb beschäftigte Arbeitnehmer gekündigt werden oder sonstige Nachteile erleiden, ohne daß dies aus betrieblichen oder persönlichen Gründen gerechtfertigt ist,
4. der betroffene Arbeitnehmer durch die personelle Maßnahme benachteiligt wird, ohne daß dies aus betrieblichen oder in der Person des Arbeitnehmers liegenden Gründen gerechtfertigt ist,

5. eine nach § 93 erforderliche Ausschreibung im Betrieb unterblieben ist oder
6. die durch Tatsachen begründete Besorgnis besteht, daß der für die personelle Maßnahme in Aussicht genommene Bewerber oder Arbeitnehmer den Betriebsfrieden durch gesetzwidriges Verhalten oder durch grobe Verletzung der in § 75 Abs. 1 enthaltenen Grundsätze stören werde.

(3) Verweigert der Betriebsrat seine Zustimmung, so hat er dies unter Angabe von Gründen innerhalb einer Woche nach Unterrichtung durch den Arbeitgeber diesem schriftlich mitzuteilen. Teilt der Betriebsrat dem Arbeitgeber die Verweigerung seiner Zustimmung nicht innerhalb der Frist schriftlich mit, so gilt die Zustimmung als erteilt.

(4) Verweigert der Betriebsrat seine Zustimmung, so kann der Arbeitgeber beim Arbeitsgericht beantragen, die Zustimmung zu ersetzen.

§ 100 Vorläufige personelle Maßnahmen

(1) Der Arbeitgeber kann, wenn dies aus sachlichen Gründen dringend erforderlich ist, die personelle Maßnahme im Sinne des § 99 Abs. 1 Satz 1 vorläufig durchführen, bevor der Betriebsrat sich geäußert oder wenn er die Zustimmung verweigert hat. Der Arbeitgeber hat den Arbeitnehmer über die Sach- und Rechtslage aufzuklären.

(2) Der Arbeitgeber hat den Betriebsrat unverzüglich von der vorläufigen personellen Maßnahme zu unterrichten. Bestreitet der Betriebsrat, daß die Maßnahme aus sachlichen Gründen dringend erforderlich ist, so hat er dies dem Arbeitgeber unverzüglich mitzuteilen. In diesem Fall darf der Arbeitgeber die vorläufige personelle Maßnahme nur aufrechterhalten, wenn er innerhalb von drei Tagen beim Arbeitsgericht die Ersetzung der Zustimmung des Betriebsrates und die Feststellung beantragt, daß die Maßnahme aus sachlichen Gründen dringend erforderlich war.

(3) Lehnt das Gericht durch rechtskräftige Entscheidung die Ersetzung der Zustimmung des Betriebsrats ab oder stellt es rechtskräftig fest, daß offensichtlich die Maßnahme aus sachlichen Gründen nicht dringend erforderlich war, so endet die vorläufige personelle Maßnahme mit Ablauf von zwei Wochen nach Rechtskraft der Entscheidung. Von diesem Zeitpunkt an darf die personelle Maßnahme nicht aufrechterhalten werden.

§ 101 Zwangsgeld

Führt der Arbeitgeber eine personelle Maßnahme im Sinne des § 99 Abs. 1 Satz 1 ohne Zustimmung des Betriebsrats durch oder hält er eine vorläufige personelle Maßnahme entgegen § 100 Abs. 2 Satz 3 oder Abs. 3 aufrecht, so kann der Betriebsrat beim Arbeitsgericht beantragen, dem Arbeitgeber aufzugeben, die personelle

Maßnahme aufzuheben. Hebt der Arbeitgeber entgegen einer rechtskräftigen gerichtlichen Entscheidung die personelle Maßnahme nicht auf, so ist auf Antrag des Betriebsrats vom Arbeitsgericht zu erkennen, daß der Arbeitgeber zur Aufhebung der Maßnahme durch Zwangsgeld anzuhalten sei. Das Höchstmaß des Zwangsgeldes beträgt für jeden Tag der Zuwiderhandlung 500 Deutsche Mark.

§ 105 Leitende Angestellte

Eine beabsichtigte Einstellung oder personelle Veränderung eines in § 5 Abs. 3 genannten leitenden Angestellten ist dem Betriebsrat rechtzeitig mitzuteilen.

Matrix zur Gesprächsauswertung

	Firma A	DM	Punktwert	Firma B	DM	Punktwert	Firma C	DM	Punktwert
Position	Bezeichnung								
Gehalt Sonderzahlungen – Erfolgsbeteiligung – Weihnachtsgeld – Urlaubsgeld – sonstige Zahlungen Altersversorgung Vollmachten	____ x ____ DM ja/nein welche: Art:								
Urlaub	_____ Tage								
neusprachliches Gymnasium									
Dienstwagen Dienstwohnung	ja/nein Typ: ja/nein Größe/ Kosten:								
Lebenshaltungs-kosten Betriebsklima	niedrig/mittel/hoch gut/mittel/schlecht								
gleitende Arbeitszeit Spesenordnung Mittagessen/Kantine Belegschaftskäufe	ja/nein Art: ja/nein								
Sonstige wichtige Vereinbarungen									
Summe									

Musterarbeitsvertrag

Die Firma ______________________________ in __________________
(nachstehend „Firma“ genannt) und ________________________________
in ______________________________ (nachstehend „Angestellter“ genannt)
schließen hierdurch folgenden Arbeitsvertrag.

§ 1 (Beginn)

Der Angestellte tritt mit Wirkung vom ______________________________
als technischer Angestellter in die Dienste der Firma.

§ 2 (Tätigkeit)

Herr ________________________ wird als __________________________
eingestellt. Ihm werden besonders folgende Aufgaben übertragen:

____

____

Außerdem ist er im Bedarfsfalle (Urlaubs-, Krankheitsvertretungen usw.) auch zur Verrichtung anderer gleichwertiger und zumutbarer technischer Arbeiten verpflichtet.

§ 3 (Entgelt)

Herr ____________________ erhält ein Monatsgehalt von DM __________
brutto als Grundgehalt. Außerdem wird eine Leistungszulage von DM __________
gewährt. Bei Heraufsetzung des Grundgehaltes durch Einzelarbeitsvertrag oder durch Erhöhung des Tarifgehalts findet die Leistungszulage keine Anrechnung, sondern wird jeweils zu dem vereinbarten oder dem tariflichen Gehalt zugeschlagen. Das gleiche gilt auch für andere Zulagen.

Ferner erhält der Angestellte ein 13. (und 14.) Monatsgehalt in Höhe des Grundgehaltes, dessen Auszahlung zusammen mit dem Novembergehalt erfolgt. Bei Eintritt oder Ausscheiden aus dem Arbeitsverhältnis im Laufe des Kalenderjahres wird das 13. (und 14.) Monatsgehalt anteilmäßig entsprechend der Beschäftigungsdauer in dem betreffenden Kalenderjahr gewährt.[1]

§ 4 (Arbeitszeit)

Das Grundgehalt wird für eine Arbeitszeit von 38,5 Stunden in der Woche gezahlt. Nachweisbar geleistete Überstunden werden mit DM _______ pro Stunde – soweit sie an Sonn- und Feiertagen geleistet werden mit DM _______ pro Stunde – vergütet.

1 Etwaige Zusagen über weitere Sonderzahlungen sind hier noch zu bringen.

§ 5 (Erholungsurlaub)

Der Angestellte erhält einen jährlichen Erholungsurlaub von _______ Werktagen. Während des Erholungsurlaubs ist dem Angestellten Urlaubsentgelt zu zahlen. Dieses bemißt sich nach dem durchschnittlichen Gesamtverdienst des Angestellten innerhalb der letzten 6 Monate vor Urlaubsbeginn. Das Urlaubsentgelt ist vor Antritt des Urlaubs auszuzahlen.
Der Angestellte erhält ferner ein Urlaubsgeld in Höhe von DM _______ für jeden Urlaubstag.

§ 6 (Gehaltsfortzahlung bei unverschuldeter Dienstverhinderung)

Nach Ablauf der gesetzlichen Gehaltsfortzahlungspflicht erhält der bei einem Träger der gesetzlichen Krankenversicherung versicherte Angestellte einen Zuschuß zum Krankengeld in Höhe des Differenzbetrages zwischen Krankengeld und Nettoarbeitsentgelt, der nicht bei einem Träger der gesetzlichen Krankenversicherung versicherte Angestellte einen Betrag in Höhe von _______ % des Nettoarbeitsentgeltes, jeweils für die Dauer von längstens _______ Wochen.

§ 7 (Todesfall)

Im Todesfall erhalten die Hinterbliebenen das Gehalt des Angestellten auf die Dauer von 3 Monaten weitergezahlt. Hierbei gilt der dem Sterbemonat folgende Monat als erster Monat. Als Hinterbliebene gelten Ehefrau bzw. Ehemann, ferner Eltern oder Elternteile und Kinder, zu deren Unterhalt der Angestellte nachweislich wesentlich beigetragen hat. Die Leistung an einen Hinterbliebenen befreit die Firma von der Leistung an die anderen Hinterbliebenen.

§ 8 (Vereinbarung über Kfz, soweit Reisetätigkeit erforderlich)

Die Firma stellt ein Kraftfahrzeug und übernimmt alle für das Fahrzeug anfallenden Kosten (Betriebskosten, Wagenpflege, Parkgebühren, Reparaturen, Garage, Kraftfahrzeugsteuer und -versicherungen). Am Wochenende und während des Urlaubs steht das Kfz dem Angestellten für Privatfahrten zur Verfügung (evtl. mit der Einschränkung, daß für jede größere Fahrt vorher die Genehmigung hierzu einzuholen ist, daß die privat gefahrene Kilometerzahl schriftlich niederzulegen ist, daß der Angestellte die Kosten für Kraftstoff bei Privatfahrten selbst zu tragen hat). Bei Benutzung eines eigenen Kraftfahrzeuges für Dienstfahrten wird ein Kilometergeld in Höhe von DM _______ gezahlt (das Kilometergeld sollte mindestens den steuerlichen Richtsätzen entsprechen).

§ 9 (Versicherung)

Mit Rücksicht auf die Unfallgefahren schließt die Firma für den Angestellten eine Einzelunfallversicherung ab mit den Versicherungssummen ________________. Die Prämie für diese Versicherung übernimmt die Firma.

Für die im Geschäftsinteresse unumgängliche Mitnahme von Kunden wird außerdem zu Lasten der Firma eine Insassenversicherung abgeschlossen mit den Versicherungssummen ________________.

§ 10 (Kündigungsfristen)

Die ersten drei Monate gelten als Probezeit; während dieser Zeit können die Vertragsparteien das Arbeitsverhältnis jeweils zum Ende eines Kalendermonats mit einer Frist von einem Monat kündigen. Wird das Probeverhältnis nicht einen Monat vor Ablauf von einer der vertragsschließenden Parteien gekündigt, dann wird aus der Probeanstellung eine Festanstellung auf unbestimmte Zeit. Das Arbeitsverhältnis kann nach Ablauf der Probezeit nur mit einer Frist von 6 Wochen zum Ende eines Kalendervierteljahres gekündigt werden. Nach einer Beschäftigungsdauer von 5 Jahren gelten die Kündigungsfristen nach dem Gesetz über die Fristen für die Kündigung von Angestellten vom 9. 6. 1926.

§ 11 (besondere Vereinbarungen)

____

(die den jeweiligen geschäftlichen Gegebenheiten entsprechen).

§ 12 (sonstige Vereinbarungen)

____

(Wohnungsbeschaffung, Umzugskostenvergütung, Aufwandsentschädigung, Trennungsgeld).

§ 13 (Schriftform)

Änderungen und Ergänzungen des Inhalts dieses Arbeitsvertrages sind nur gültig, wenn sie schriftlich vereinbart werden.

§ 14 (Gerichtsstand)

Als Gerichtsstand wird das Arbeitsgericht in ______________________________
vereinbart (es ist möglichst als Gerichtsstand der Beschäftigungsort einzusetzen).

______________________________, den________________________

(Ort) (Datum)

______________________________ ______________________________

(Unterschrift des Arbeitgebers) (Unterschrift des Angestellten)

Register

Eine Auswahl aus dem Verlagsprogramm

?AT UND WISSEN

Bewerbung

ewerbungsstrategien
)27-3, von Dr. W. Reichel,
28 S., kart.
M 14,90

itiativbewerbungen
107-0, von Dr. W. Reichel,
28 S., kart.
M 16,90

egale Bewerbungstricks
)325-2, von V. S. Rottmann,
5 S., kart.
M 12,90

ebenslauf und Bewerbung
)007-5, von H. Friedrich,
12 S., kart.
M 12,90

ewerbung um einen
usbildungsplatz
936-X, von P.-J. Schneider,
. Zindel, 112 S., kart.
M 16,90

ewerbungserfolg trotz
:hwacher Zeugnisse
0157-8, von A. Schieberle,
36 S., kart.
M 14,90

esttrainer Einstellungstests
999-4, von Dr. W. Reichel,
36 S., geb.
M 15,–
imitierter Sonderpreis)

Vorstellungsgespräche
60012-1, von H. Friedrich,
144 S., kart.
DM 11,90

Arbeitszeugnisse
1444-9, von A. Nasemann,
136 S., kart.
DM 16,90

Rechtsratgeber für Arbeitnehmer
60258-2, von U. Teschke-Bährle, 160 S., kart.
DM 16,90

Beruf/Karriere

Selbstständigkeit und freie Mitarbeit
1891-6, von T. Hammer,
Dr. W. Kiefl, 144 S., kart.
DM 19,90

Erfolgreiche Existenzgründung
60285-X, von N. Rentrop,
192 S., kart.
DM 19,90

FALKEN Reihe: FALKEN & PITMAN MANAGEMENT
Ausstattung: zwischen 184 S. und 248 S., Broschur
Preis: **DM 39,90**
4972-2 Die ersten 100 Tage als Chef
4973-0 Erfolgreiches Zeitmanagement
4976-5 Richtig delegieren
4971-4 Erfolgreiche Verhandlungstaktiken
4975-7 Die perfekte Präsentation

4974-9 Meetings erfolgreich steuern
7331-3 Marketing – eine Einführung
7329-1 Erfolgreich im Management
7330-5 Basiswissen für Führungskräfte
7328-3 Mitarbeitermotivation durch Empowerment
7362-3 Das souveräne Verhandlungsgespräch
7361-5 Erfolgsgeheimnis Teambildung

Lernhilfen/Schule

Erfolgreich im Beruf mit NLP
60288-4, von K. Grochowiak,
S. Haag, 104 S., kart.
DM 12,90

Handbuch Mathematik
4964-1, von W. Scholl,
R. Drews, 848 S., geb.
DM 69,90

Englische Grammatik
7341-0, von E. Henrichs-Kleinen, 288 S., geb.
DM 39,90

Gedächtnistraining mit Eselsbrücken
60060-1, von W. Ettig,
96 S., kart.
DM 12,90

Buchführung leicht gefaßt
60091-1, von H. R. Pohl,
104 S., kart.
DM 12,90

Schreiben lernen mit Schreibmaschine und PC
60055-5, von O. Fonfara,
112 S., kart.
DM 9,90

Kostenrechnung leicht gemacht
4826-2, von D. Machenheimer, 240 S., geb.
DM 39,90

FALKEN Reihe: Schülerhilfe
Ausstattung: zwischen 64 S. und 172 S., kartoniert
Preis: zwischen **DM 14,90** und **DM 29,90**
1834-7 Die neue deutsche Rechtschreibung
1890-9 Deutsche Grammatik
1783-9 Aufsatz
1623-9 Bruchrechnen
1569-0 Geometrie

1709-X Prozent- und Zinsrechnung
1570-4 Gleichungen und Ungleichungen

1888-6 Wurzeln und Potenzen
1624-7 English Pronouns
1574-7 English Tenses
1784-7 If-Clauses & Co.

Recht/Wirtschaft/ Steuern

Was kostet mein Recht?
60234-5, von J. Mosler, 104 S., kart.
DM 12,90

Recht für Mieter
1932-7, von M. Gaida, 304 S., kart.
DM 29,90

Der FALKEN Bauherren-Ratgeber
4888-2, von W. Jung, B. W. Klöckner, 352 S., kart.
DM 39,90

Ihr Recht als Vermieter
60243-4, von R. Richter, P. J. Schneider, A. Pollert, 208 S., kart.
DM 16,90

Eheverträge
60037-7, von T. Münster, 226 S., kart.
DM 19,90

Erziehungsgeld, Mutterschutz, Erziehungsurlaub
60014-8, von J. Grönert, 192 S., kart.
DM 19,90

Scheidung und Unterhalt
60015-6, von T. Drewes, 220 S., kart.
DM 19,90

Gesetzliche und private Altersvorsorge
1847-9, von D. Rehahn, H. A. Reichel, W. Schöttler, 192 S., kart.
DM 24,90

Wie hoch wird meine Rente?
60209-9, von K. Möcks, A. Schmitt, 160 S., kart.
DM 16,90

Erbschaftsteuer aktuell
60324-4, von W. Ludwig, 128 S., kart.
DM 14,90

Testament und Erbschaft
2111-9, von T. Drewes, R. Hollender, 296 S., englische Broschur
DM 29,90

Vermögensbildung mit Immobilien
1712-X, von W. Schwanfelder, 144 S., kart.
DM 24,90

Erfolg mit Aktien
1663-8, von A.-S. Rühle, 128 S., kart.
DM 16,90

Keine Angst vor dem Finanzamt
60064-4, von H. Vogt, 132 S., kart.
DM 16,90

Korrespondenz und Rhetorik

Der neue Briefsteller
60002-6, von I. Wolter-Rosendorf, 130 S., kart.
DM 12,90

Briefe und Reden für den Trauerfall
1789-8, von U. Wetter, 112 S., kart.
DM 16,90

Modernes Redetraining
1575-5, von Prof. Dr. R. Brehler, 120 S., kart.
DM 19,90

Körpersprache
60096-2, von H. Rückle, 96 S., kart.
DM 12,90

Reden für Familienfeiern
60281-7, von G. Kurz, 112 S., kart.
DM 12,90

Lebensstil und Umgangsformen

Kreative Wohnideen
4889-0, von T. Eichhorn, 128 S., geb.
DM 39,90

Farbberatung für die Wohnung
4743-6, von G. Watermann, 128 S., geb.
DM 49,90

300 neue Frisuren
7359-3, von S. Ehlers, 128 S., geb.
DM 29,90

Krawatten
7319-4, von F. Chaille, 180 S., geb., mit Schutzumschlag
DM 89,90

Tücher und Schals perfekt binden
1898-3, von E. Weber-Lorkowski, 48 S., kart.
DM 14,90

Umgangsformen heute
4876-9, von H.-G. Schnitzer, 256 S., geb.
DM 29,90

Der gute Ton im Privatleben
60097-0, von R. Bartels, 104 S., kart.
DM 12,90

Feste feiern

Das große FALKEN-Buch zur Märchenhochzeit
7360-7, von A. Körner, C. Ziegler, ca. 224 S., geb.
ersch. Juni 1998
ca. DM 49,90

Hochzeitsfeste mitgestalten
1790-1, von A. Wilke, B. H
104 S., kart.
DM 19,90

Tischdekorationen für die Hochzeit
1825-8, von H. Grob, A. Henseler u.a., 64 S., kart
DM 19,90

Blumenschmuck für das Brautpaar
4881-5, von H. Grob, A. Henseler u.a., 80 S., geb
DM 29,90

Neue Hochzeitsreden
60158-6, von S. Harland 112 S., kart.
DM 12,90

Feste feiern
4825-4, von C. Kast, 128 S., geb.
DM 39,90

Die neue Glückwunschfib
60031-8, von R. Christian-Hildebrandt, 106 S., kart.
DM 9,90

Astrologie/Esoterik

Kinderhoroskop
60242-6, von W. Noé, 152 S., kart.
DM 14,90

ebes-Horoskop
297-3, von W. Noé,
8 S., kart.
M 12,90

inesisches Horoskop
006-7, von G. Hadden-
ch, 86 S., kart.
M 9,90

as Indianische Horoskop
)294-9, von W. Noé,
28 S., kart.
M 14,90

'ahrsagetechniken
)373-2, von G. Hadden-
ach, 144 S., kart.
M 14,90

Ging
)253-1, von R. Sorrell,
. M. Sorrell,
24 S., kart.
M 19,90

eiki
0247-7, von B. Glaser,
. Vogt, 128 S., kart.
M 14,90

raumdeutung
0045-8, von G. Hadden-
ach, 172 S., kart.
M 12,90

FOs über Deutschland
0319-8, von M. Hesemann
08 S., kart.
M 19,90

Geheimlehren
60236-1, von N. Drury,
G. Tillet, 144 S., kart.
DM 16,90

Schutzengel
60333-3, von T. Keller,
D. Taylor, 144 S., kart.
DM 16,90

Auto/Führerschein

Der neue Verwarn- und Bußgeldkatalog
60292-2, von F. Littek,
126 S., kart.
DM 12,90

Der Test-Knacker bei Führerscheinverlust
2113-5, von T. Rieh,
128 S., kart.
DM 19,90

Prüfungsfragen und Prüfungsbogen für den Führerschein Kl. 3
1490-2, 104 S., kart.
DM 19,90

Trennkost

Trennkost für 1 Person
4851-3, von U. Summ,
112 S., geb.
DM 29,90

Trennkost leichtgemacht für Berufstätige
4890-4, von U. Summ,
128 S., geb.
DM 29,90

Das große Buch der Trennkost
4498-4, von U. Summ,
128 S., geb.
DM 29,90

Das Beste aus Ursula Summs Trennkost-Küche
4985-4, von U. Summ,
160 S., geb.
DM 29,90

Trennkost aus ärztlicher Sicht
60259-0, von Dr. med.
T.-M. Heintze, 84 S., kart.
DM 12,90

Erfolgreich schlank durch die Trennkost-6-Wochen-Kur
1968-8, von U. Summ,
104 S., kart.
DM 19,90

Die aktuelle Trennkost-Tabelle
1871-1, von U. Summ,
80 S., Flexcover
DM 14,90

Länderküche

Provence
7365-8, von U. Skadow,
S. Dickhaut, 224 S., geb.,
mit Schutzumschlag
DM 49,90

Italienische Küche
4830-0, von M. Kaltenbach,
R. Simeone, 224 S., geb.,
mit Schutzumschlag
DM 49,90

Chinesische Küche
7304-6, von H. Fu-Lung,
224 S., geb.,
mit Schutzumschlag
DM 49,90

Thailand
4945-5, von B. Aepli,
128 S., geb.,
mit Schutzumschlag
DM 34,90

Indien
7370-4, von S. Dhawan,
128 S., geb.,
mit Schutzumschlag
DM 39,90

Englische Landhausküche
4981-1, von D. Watkins,
J. J. Watkins, 128 S., geb.,
mit Schutzumschlag
DM 39,90

Amerikanische Küche
7308-9, von C. Stevenson Jr.,
P. Niebergall, 128 S., geb.,
mit Schutzumschlag
DM 39,90

Kochen

Unsere Kochschule
4959-5, von M. Kaltenbach,
F. W. Ehlert, 306 S., geb.
DM 25,–
(limitierter Sonderpreis)

FALKEN Reihe: Rezepte! Rezepte!! Rezepte!!!
Ausstattung: 96 S., kart.
Preis: **DM 16,90**
1937-8 Krabben, Garnelen & Co.
1994-7 Chili, Peperoni & Co.
1944-0 Pastinaken, Kürbis & Co.

1941-6 Pizza, Quiche und Tarte
1939-4 Feta, Mozzarella & Co.
1940-8 American Cookies

FALKEN Reihe: ErlebnisKüche
Ausstattung: 128 S., geb.,
mit Schutzumschlag
Preis: **DM 34,90**
4944-7 Nudeln
4946-3 Raclette und heißer Stein
7315-1 Fondues
4984-6 Aufläufe und Gratins
4982-X Salate

Johann Lafer kocht – Neue Rezepte
7306-2, von Johann Lafer, 160 S., geb.
DM 39,90

Iß und trink und liebe
7303-8, von K. Ottenbach, 72 S., geb., mit Schutzumschlag
DM 49,90

Preiswert kochen
60025-3, von E. Fuhrmann, 136 S., kart.
DM 12,90

Vegetarische Gerichte aus aller Welt
4977-3, von A. Ilies, 224 S., geb., mit Schutzumschlag
DM 49,90

Rezepte mit Joghurt, Kefir & Co.
60068-7, von G. Volz, 104 S., kart.
DM 12,90

Vollwertküche für Genießer
4815-7, von Prof. Dr. C. Leitzmann, H. Million, 256 S., geb.
DM 39,90

Das essen Kinder gern
4978-1, von A. Brenner, 128 S., geb.
DM 29,90

Gerichte für Diabetiker
60033-4, von M. Oehlrich, 108 S., kart.
DM 12,90

Cholesterinarm kochen und genießen
4442-9, von R. Unsorg, 168 S., geb.
DM 49,90

Fettarm kochen – Abnehmen mit Genuß
4866-1, von G. Hölz, H. Million, 128 S., geb.
DM 39,90

Getränke

FALKEN Mixbuch
4733-9, Hrsg.: P. Bohrmann, 560 S., geb.
DM 39,90

Weinlexikon
4942-0, von Dr. H. Ambrosi, 384 S., geb.
DM 39,90

Meine Lieblingsweine
7364-X, von M. Broadbent, 224 S., geb., mit Schutzumschlag
DM 89,-

Wein richtig genießen lernen
4809-2, von H. Ambrosi, I. Swoboda, 128 S., geb.
DM 29,90

Mein Hobby Wein
7309-7, von R. Kriesi, 128 S., geb.
DM 34,90

Was Weinfreunde wissen wollen
7342-9, von Prof. Dr. K. Röder u.a., 192 S., geb.
DM 29,90

ElternRatgeber

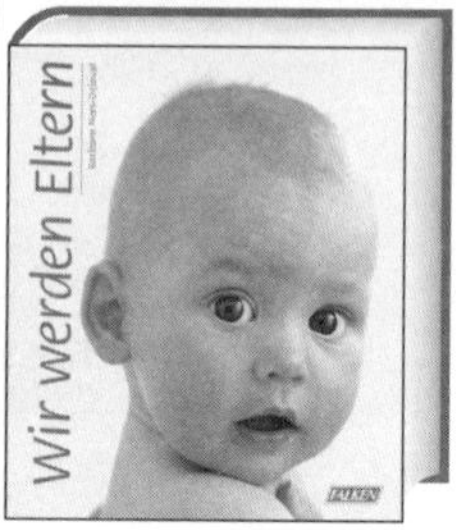

Wir werden Eltern
7353-4, von B. Nees-Delaval, 416 S., geb.
DM 39,90

Die schönsten Vornamen
4755-X, von Dr. D. Voorgang, 200 S., geb.
DM 19,90

Die Kunst des Stillens
60084-9, von Prof. Dr. med. E. Schmidt, S. Brunn, 110 S., kart.
DM 12,90

Das erste Jahr mit dem Baby
4884-X, von Dr. med. M. Weber, 144 S., geb.
DM 39,90

Wenn Kinder krank werden
7316-X, von B. Nees-Delaval, 240 S., geb.
DM 39,90

Mein Kind ist krank, so hilft die Natur
4761-4, von Dr. med. H. Wachtl, 160 S., geb.
DM 39,90

Menschen und Gesundheit

Heilpflanzen
4954-4, von A. Eckart, Dr. G. Eckert, 176 S., geb.
DM 39,90

Blütentherapie nach Dr. Bach
60019-9, von I. Wenzel, 96 S., kart.
DM 9,90

Traditionelle Chinesische Medizin
60312-0, von Dr. med. C. Kunkel, 118 S., kart.
DM 14,90

Chinesische Fünf-Elemen Ernährung
68005-2, von Dr. med. C. Kunkel, 144 S., kart.
DM 29,90

Allergien
60057-1, von G. Leibold, 100 S., kart.
DM 12,90

Neurodermitis
1649-2, von Prof. Dr. med phil. S. Borelli, Prof. Dr. med. J. Rakoski, 136 S., ka
DM 24,90

Schuppenflechte
1467-8, von Prof. Dr. med. phil. S. Borelli, Prof. Dr. med. R. Engst, 102 S., kart
DM 19,90

Teebaumöl
1878-9, von S. Poth, Prof. Dr. J. Reichling, 96 S., kart.
DM 19,90

Natürlich entgiften mit d Öl-Zieh-Kur
60391-0, von I. Hammelmann, 88 S., kart.
DM 10,90

Die sagenhafte Heilkraft der Papaya
60396-1, von H. Tietze, 80 S., kart.
DM 12,90

eilen und Vorbeugen
it Wein
0311-2, von Dr. med.
-A. Graf von Ingelheim,
Swoboda, 96 S., kart.
M 14,90

rapefruitkern-Extrakt für
esundheit und Kosmetik
0379-1, von R. Knoller,
) S., kart.
M 12,90

heuma
0040-7, von Prof. Dr. med.
Gräfenstein, 108 S., kart.
M 14,90

ymnastik für die
alswirbelsäule
510-7, von J. Engelmann,
S., kart.
M 19,90

reß bewältigen durch
tspannung
0070-9, von Dr. med.
ı. Schenk, 122 S., kart.
M 14,90

sitives Denken und
tspannungstechniken
305-8, von Dr. med.
Schenk, 112 S., kart.
M 12,90

ıgentraining
516-6, von M. Gollub,
sg.: K. Haak, 96 S., kart.
M 24,90

Massage
60038-5, von K. Schutt,
78 S., kart.
DM 12,90

Akupressur
1231-4, von F. T. Lie,
192 S., kart.
DM 29,90

Fußsohlenmassage
60036-9, von G. Leibold,
96 S., kart.
DM 11,90

Yoga
60093-8, von U. Thomsen,
104 S., kart.
DM 12,90

Sport

FALKEN Lexikon für
Pferdefreunde
7352-6, von G. Wöckener,
320 S., geb.,
mit Schutzumschlag
ersch. Mai 1998
DM 69,90

FALKEN Reihe:
Ratgeber für Reiter
Ausstattung: zwischen 128 S.
und 176 S., geb. oder kart.
Preis: zwischen **DM 29,90**
und **DM 39,90**
4797-5 Ich will reiten lernen
4845-9 Junge Pferde selbst
ausbilden
4871-8 Reiten für Einsteiger
4716-9 Reiten auf
Gangpferden
4949-8 Wie verstehe ich
mein Pferd?

Golf. Die frühen Jahre
7339-9, von D. Concannon,
144 S., geb.,
mit Schutzumschlag
DM 69,90

Der Schwung
4784-3, von O. Heuler,
128 S., geb.
DM 29,90

Fehler & Korrekturen
4872-6, von O. Heuler,
144 S., geb.
DM 39,90

FALKEN Reihe: Sportregeln
Ausstattung: zwischen 96 S.
und 128 S., kart.
Preis: zwischen **DM 16,90**
und **DM 24,90**
1676-X Basketball
1674-3 Pool-Billard
2135-6 Fußball
1754-5 Eishockey
1755-3 Tennis
1807-X Badminton

Tauchen
4955-2, von S. Müßig,
128 S., geb.
DM 39,90

Tennistraining mit System
4878-5, von A. Ferrauti,
P. Maier, K. Weber,
192 S., geb.
DM 49,90

Billard
1313-2, von Dr. H. Stingl,
112 S., kart.
DM 29,90

Aggressive In-Line-Skating
1836-3, von U. Sauter u.a.,
96 S., kart.
DM 24,90

Snowboarding
1860-6, von A. Hebbel-
Seeger, 112 S., kart.
DM 29,90

Angeln
60080-6, von E. Bondick,
80 S., kart.
DM 12,90

Tanzen
4948-X, von P. Wolff,
192 S., geb.
DM 49,90

Fitness/Gymnastik

Fitness-Boxen
1671-9, von F. Kürzel,
P. Wastl, 96 S., kart.
DM 24,90

Fit mit Ayurveda
60260-4, von J. Douillard,
208 S., kart.
DM 19,90

Stretching
60085-7, von E. Kleila,
64 S., kart.
DM 9,90

Muskeltraining zu Hause
60100-4, von A. Balk,
128 S., kart.
DM 14,90

Kampfsport

Aikido
2120-8, von R. Brand,
280 S., kart.
DM 24,90

Judo
0305-6, von M. Ohgo,
206 S., kart.
DM 24,90

Karate Grundlagen
1863-0, von E. Karamitsos,
B. Pejcic, 144 S., kart.
DM 29,90

25 Shotokan-Katas
2125-7, von A. Pflüger,
88 S., kart.
DM 24,90

Bruce Lee –
Sein Leben und Kampf
0392-7, von L. Lee,
136 S., kart.
DM 24,90

Bruce Lees Kampfstil 1
0473-7, von B. Lee,
M. Uyehara, 112 S., kart.
DM 9,90

Bruce Lees Kampfstil 2
0486-9, von B. Lee,
M. Uyehara, 128 S., kart.
DM 12,90

Dynamische Tritte
1683-2, von G. Chung,
C. Rothrock, 128 S., kart.
DM 16,90

Taekwondo
0347-1, von K. Gil,
152 S., kart.
DM 16,90

Ninja
1161-X, von A. Adams,
192 S., kart.
DM 19,90

Heimwerken/Technik

FALKEN Reihe: Do it yourself
Ausstattung: zwischen 80 S., und 104 S., kart.
Preis: **DM 19,90**
1665-4 Reparaturen in Haus und Garten
1159-8 Betonieren, Mauern, Fliesen
1857-6 Bäder ausbauen und modernisieren

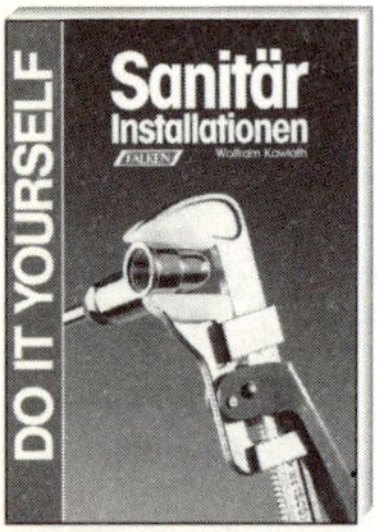

1118-0 Sanitärinstallationen
1799-5 Fliesen legen
1855-X Tapezieren und Streichen
1841-X Dachausbau
1995-5 Innenausbau mit System
1859-2 Elektroarbeiten
1716-2 Sicherheit an der Haustür

Heimwerken
4983-8, von T. Pochert,
416 S., geb.
DM 49,90

Foto/Video

Moderne Fotopraxis
7310-0, von G. Koshofer,
Prof. H. Wedewardt,
240 S., geb.
DM 49,90

Zeichnen und Malen

Kreativ zeichnen
4688-X, von B. Bagnall,
176 S., geb.
DM 39,90

Aquarellmalerei
4529-8, von Prof. W. Wrisch,
136 S., geb.
DM 39,90

Kalligraphie
1044-3, von I. Schade,
80 S., kart.
DM 19,90

Airbrush
1133-4, von C. M. Mette,
80 S., kart.
DM 19,90

Seidenmalerei

Lexikon der Seidenmalerei
4737-1, von K. Huber,
208 S., geb.
DM 49,90

Aquarellieren auf Seide
4842-4, von Shahida,
112 S., geb.
DM 39,90

Einführung in die Seidenmalerei
0611-X, von R. Henge,
88 S., kart.
DM 19,90

Malen auf Seide
4941-2, von C. Köhl,
Shahida, 112 S., geb.
DM 29,90

Verschiedene Techniken

Alles aus Wellpappe
1430-9, von I. Kasperek,
64 S., kart.
DM 19,90

Landhausstil
7332-1, 128 S., geb.
DM 34,90

Artischockentechnik
1682-4, von M. von Perbandt, K. Teuber,
64 S., kart.
DM 19,90

Patchwork und Quilt
4803-3, von I. Kahmann u.a., 112 S., geb.
DM 29,90

Nähen
4709-6, von S. von Rudzinski,
176 S., geb.
DM 39,90

Perfekt Stricken
4821-1, von H. Jaacks,
224 S., geb.
DM 39,90

Töpfern ohne Scheibe
0896-1, von A. Riedinger,
80 S., kart.
DM 19,90

Dekorieren und Gestalte mit Naturmaterialien
4748-7, von E. Dommers-hausen u.a., 128 S., geb.
DM 29,90

Stempeln
1823-1, von E. Metz,
P. Läpple, 80 S., kart.
DM 19,90

Freundschaftsbänder
1720-0, von A. Neeb,
E. Walch u.a., 64 S., kart.
DM 19,90

Bücher, Alben, Schachtel selbermachen
4772-X, von P. Baumgartr
96 S., geb.
DM 29,90

Geldgeschenke und Geschenkgutscheine
1684-0, von S. Haenitsch-Weiß, 64 S., kart.
DM 19,90

Spiele/Denksport

Bridge für Einsteiger
1691-3, von B. Ludewig,
104 S., kart.
DM 16,90

Doppelkopf
1828-2, von U. Vohland,
96 S., kart.
DM 16,90

Kartenspiele
7333-X, von M. Mala,
176 S., geb.
DM 29,90

Backgammon für Einsteig
1690-5, von M. B. Fischer
E. Heyken, 104 S., kart.
DM 16,90

atiencen
0020-2, von I. Wolter-
osendorf, 112 S., kart.
M 12,90

oker
0225-6, von C. D. Grupp,
12 S., kart.
M 12,90

chach für Einsteiger
724-3, von E. Heyken,
20 S., kart.
M 19,90

pielideen für Partys
725-1, von E. und
. Bücken, 88 S., kart.
M 16,90

11 Spielideen, das
edächtnis zu trainieren
329-0, von T. Werneck,
5 S., kart.
M 16,90

nobeleien und
enksportaufgaben
0099-7, von K. Rechberger,
00 S., kart.
M 12,90

Ratgeber für Kinder

LKEN Reihe:
atgeber für Kinder
usstattung: zwischen 48 S.,
nd 64 S., geb.
eis: **DM 19,90**
397-1 Mein Mutmachbuch
398-X Mein Krankenhaus-
uch
396-3 Mein erstes
erdebuch

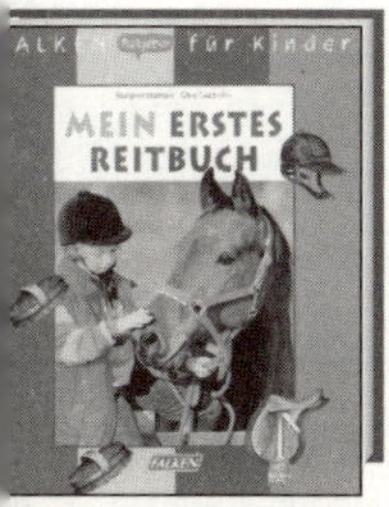

337-2 Mein erstes Reitbuch
391-9 Mein Kochbuch
390-0 Mein Ballettbuch
300-5 Mein Fußballbuch
338-2 Mein Fahrradbuch
335-6 Mein erstes
line-Skating-Buch
394-7 Mein Katzenbuch
339-0 Mein Hundebuch

4993-5 Mein Hamsterbuch
7324-0 Mein Wellensittich-
buch
7338-0 Mein Meer-
schweinchenbuch
4992-7 Wenn meine Eltern
sich trennen

Kinderbeschäftigung

Das neue
Bastelbuch für Kinder
4893-9, von U. Barff,
I. Burkhardt, J. Maier,
208 S., geb.
DM 39,90

Basteln mit Pappe und
Papier
4843-2, Hrsg.: U. Barff,
112 S., geb.
DM 29,90

Schminken und Verkleiden
4773-8, von W. Stelzen-
hammer, Hrsg.: U. Barff,
128 S., geb.
DM 29,90

Spielen mit einfachen
Sachen
4994-3, von A.-G. Patz,
D. Patz, 112 S., geb.
DM 29,90

Tanz-, Kreis- und
Bewegungsspiele
7343-7, von A.-G. und
D. Patz, 112 S., geb.
DM 29,90

Spiele für Kleinkinder
60022-9, von D. Keller-
mann, 104 S., kart.
DM 12,90

Kinderleichte Kochrezepte
für kleine Leute
4850-5, von K. Müller-Urban,
128 S., geb.
DM 19,90

Garten

Die große FALKEN
Gartenschule
7354-2, von J. Breschke u. a.,
560 S., geb.,
mit Schutzumschlag
DM 79,90

FALKEN Gartenjahr
7355-0, von K. Greiner,
A. Weber, P. Michaeli-
Achmühle, 320 S., geb.
DM 39,90

100 englische Gärten
4885-8, von P. Taylor,
216 S., geb.,
mit Schutzumschlag
DM 79,–

Bauerngärten
4786-X, von U. Krüger,
128 S., geb.
DM 39,90

Naturgärten
4967-6, von J. Korz,
240 S., geb.
DM 69,90

Gartengestaltung mit
Phantasie
7318-6, von K. Greiner,
Dr. A. Weber, 208 S., geb.,
mit Schutzumschlag
DM 79,90

Blumen, Stauden,
Ziergehölze
4753-3, von K. Greiner,
Dr. A. Weber, 384 S., geb.
DM 69,90

FALKEN Lexikon Gartenteich
4778-9, von I. Polaschek,
A. Fischer-Nagel,
216 S., geb.
DM 49,90

Grüner wohnen
4886-6, von U. Krüger,
144 S., geb.,
mit Schutzumschlag
DM 49,90

Tiere

Katzen auf natürliche
Weise heilen
7314-3, von Dr. med. vet.
C. Möller, 128 S., geb.
DM 29,90

Richtige Katzenernährung
1869-X, von H. Wenzel,
96 S., kart.
DM 16,90

Wellensittiche
1813-4 von H. Bielfeld
96 S., kart.
DM 16,90

Alles über Kanarienvögel
0901-1, von H. Schnoor,
64 S., kart.
DM 14,90

Zwergkaninchen
1680-8, von M. Mettler,
96 S., kart.
DM 16,90

Zwerg- und Goldhamster
1734-0, von M. Mettler,
96 S., kart.
DM 16,90

Meerschweinchen
1812-6, von M. Mettler,
96 S., kart.
DM 16,90

Das Süßwasseraquarium
4752-5, von Dr. med. vet.
J. Etscheidt, 224 S., geb.
DM 49,90

Terrarium
7313-5, von W. Ullrich,
128 S., geb.
DM 29,90

FALKEN Reihe:
Hundebibliothek
Ausstattung: zwischen 80 S.
und 112 S., kartoniert
Preis: zwischen **DM 14,90**
und **DM 19,90**

1757-X Dalmatiner
1756-1 Dackel
1677-8 Labrador, Retriever
1644-1 Neufundländer und Landseer
1596-8 Boxer
1513-5 Schäferhunde
1514-3 West Highland White Terrier
1808-8 Setter
1866-5 Siberian Husky
1809-6 Hovawart
1990-4 Tibet Terrier
1811-8 Foxterrier
1512-7 Streuner und Tierheimhunde
1604-2 Hundekrankheiten erkennen und behandeln
1991-2 Mit dem Hund in den Urlaub
1810-X Rechtsratgeber für Hundehalter

Das neue Hundebuch
60079-2, von W. Busak,
124 S., kart.
DM 14,90

Erfolgreiche Hundeerziehung
4808-4, von U. Birr,
144 S., geb.
DM 29,90

Reisevideo

FALKEN Reihe: Reisevideos
Ausstattung: VHS, ca. 60 Min. Laufzeit, in Farbe
Preis: **DM 39,95***

FALKEN hat Reisevideos zu über 70 Urlaubszielen in aller Welt von **A** bis **Z**

6249-4 Amsterdam

6226-5 Neuseeland

6206-0 Zypern

ISBN-Bestandteil: 3-8068- / bei Buchnummern, die mit der Ziffer 6 beginnen, lautet der ISBN-Bestandteil: 3-635

BESTELLSCHEIN

Hiermit bestelle ich aus dem Programm der Verlagsgruppe FALKEN, Postfach 11 20, D-65521 Niedernhausen, **durch die Buchhandlung:**

Falls durch besondere Umstände Preisänderungen notwendig werden, erfolgt Auftragserledigung zu dem bei der Lieferung gültigen Preis.
(Soweit gesetzlich nicht anders vorgesehen, ist der Erfüllungsort und Gerichtsstand der jeweilige Sitz der Lieferfirma).

Anzahl	Bestell-Nr.:	Titel	Einzelpreis	Gesamtpreis
			Summe	

zzgl. Porto- und Versandkosten

Name: Straße:

Ort:

Datum: Unterschrift:
(Bei Jugendlichen der gesetzliche Vertreter)

FTB-VV F '9

Werbemittel-Nr. 99143

FALKEN
Der Spezialist für nützliche Bücher und Videos